p.1 / 食堂、p.2 / 南西側外観、p.4 / 通り沿い全景、p.5 / 玄関・ホール、p.6, 7 / 1 階 階段室、p.8, 9 / 食堂・居間、p.10 / 西側外観

学芸出版社

堀部安嗣
小さな五角形の家

全図面と設計の現場

堀部安嗣 著

柳沢 究 構成

学芸出版社

はじめに

私は、それが自分の家でなくても

自分が住みたい家を設計したいと思っています。

設計中、なにか判断に迷った時、

「自分の家だったらどうするか？」と自分に問いかけ、

その時の正直な自分の気持ちを大切にし、

設計の拠りどころとしています。

また、その気持ちがひとりよがりの表現にならないよう、

技術的、経済的、心理的にバランスのとれた客観的な図面を書き、

建設にたずさわる多くの人々の理解と共感を得てゆく時間が、

私の設計の現場です。

堀部安嗣

目次

16　設計を重ねてゆく時間：堀部安嗣

21　〈小さな五角形の家〉建主と話す：建主夫妻×堀部安嗣（聞き手：柳沢究）

chapter 1
実施設計　意匠図

33　「平面図の完成度」

34　配置図・建築概要

36　1階平面図

38　2階平面図

40　天井伏図

41　屋根伏図

42　立面図1　北・北西・南西

44　立面図2　南東・東

46　矩計図1　B・D通り

48　矩計図2　A・C・D・E通り

50　展開図1　1階居室・収納・玄関

52　展開図2　2階居室・1階水廻り

54　column　余白に備わる答えを探して：櫻井靖敏（櫻井造景舎）

56　仕上表

chapter 2
実施設計　構造図・設備図

61　「過不足のない構造美」

62　基礎断面詳細図・伏図

64　床伏図

66　小屋伏図

68　column　建築と構造の真実性：山田憲明（山田憲明構造設計事務所）

70　「設備に寛容な"懐の深さ"」

71　給排水空調設備図

72　電気プロット図

74　電気プロット展開図

76　器具リスト

chapter 1-4　冒頭文：堀部安嗣、図面解説：柳沢究

chapter 3
施工図　大工・設備工事

81　「プランを引き立たせる細部」

82　屋根廻り詳細図

84　基礎廻り詳細図

86　内部枠廻り詳細図 1　平面図

88　内部枠廻り詳細図 2　断面図

89　階段詳細図 1　平面・断面図

90　階段詳細図 2　段板・補強材

92　外部枠廻り詳細図 1　食堂

94　外部枠廻り詳細図 2　居間

96　外部枠廻り詳細図 3　書斎

98　外部枠廻り詳細図 4　脱衣室

100　外部枠廻り詳細図 5　玄関

102　ポーチ・小庇廻り詳細図

104　1 階水廻り平面詳細図

106　水廻り展開図 1　浴室・脱衣室

108　水廻り展開図 2　便所

110　column　一枚の図面に込められた「建築」：橋本智広・斎藤豊久（友八工務店）

chapter 4
施工図　家具・建具工事

117　「人の身体との接点」

118　台所詳細図 1　平面図

120　台所詳細図 2　バックカウンター

122　台所詳細図 3　カウンター

124　建具詳細図 1　扉廻り

126　建具詳細図 2　窓廻り

128　造作家具廻り詳細図 1　書斎机・収納

130　造作家具廻り詳細図 2　居間ソファ

132　造作家具廻り詳細図 3　台所収納

134　造作家具廻り詳細図 4　子供室収納

136　造作家具廻り詳細図 5　ウォークインクローゼット

138　造作家具廻り詳細図 6　洗面カウンター・収納

撮影：市川靖史
巻頭・中間カラー：p.1-10, 29-31, 57-59, 77-79, 113-115
図面解説（モノクロ、＊がつくもの）：p.38, 40, 51（左）, 91（上）, 93, 96（上・下）, 97, 98（右）, 99（上）, 100, 104, 118
ほか特記なきものは著者ならびに堀部安嗣建築設計事務所撮影

設計を重ねてゆく時間

堀部安嗣

　小さな家の設計が好きです。おそらくこの思いをもっているのは私だけではなく、様々な規模や用途の建築設計に携わってきた設計者にも共通しているように思います。

　"結局一番楽しいのは小住宅の設計なんだよね"と。それはどうしてなのでしょう。

　まず住宅は、設計者にとって最も間口が広く、そして最も奥が深く難しいからだと思います。まるで中華料理屋の炒飯やフレンチのオムレツのようなものです。ゆえに飽きることがなく、一生をかけて追求し続けてゆけるのです。その規模が小さくなるほどに、設計者は身体の延長として建築を考えざるを得なくなり、まるで自分の心身と対面しているような感覚を覚えます。すると建築がどんどん一人称になり、自身のコントロールが建築の全てに及んでゆく充実感と達成感が得られるのです。この一体感は、小住宅の設計でなくては得られない醍醐味です。

一つの屋根の下

　小さな家の設計では、まず住まい手をやわらかく包み込む、大きく魅力的な屋根を架けたいと思っています。

　"一つの屋根の下"の生活は、時代を超えて建築の"原初"を感じさせます。小さな家の大きい屋根が、動物としての人間の身体をしっかりと守りながら、現代の生活に無理なく対応している姿を強くイメージしてゆきます。

　山の多い日本では、山の稜線と屋根の勾配が重なり、建物と自然の織り成す風景に調和が生まれます。山を見て気持ちが落ち着くように、人は屋根を見て深い安堵を覚えます。"一つの屋根の下"は、自然の中に人のかけがえのない営みがあることを象徴的に表すからなのでしょう。同時に、一つの屋根は一つの家族の単位の象徴でもあります。家族は何人で

あっても、あるいは現代という時代にあっても、本能的な寂しさや窮屈さのない、人の居場所としての普遍がその屋根の下にあるように思います。

　この"屋根"をもつ居場所の普遍性は、屋根が本来もつ機能に由来します。雨の多い日本の風土、気候を考えた時に屋根がとても大事なものであることは言うまでもありません。建築は"雨からどう身を守るのか"という必然性から生まれ、まず屋根を合理的に架けることが求められました。そして屋根を架けるために"柱"が生まれたのです。

　しっかりと勾配があり軒が出ている屋根であれば、建物の性能は飛躍的に上がります。雨を素早く受け流し、雨漏りや外壁を汚す心配もなく、建物が長持ちします。そして適切な軒の出と勾配があれば冬は室内に日射を呼び込み、夏は日射を遮蔽します。屋根の形は出っこみ引っ込みがなくシンプルであるほど、雨漏りの心配は少なくなり、生活の安心感、安定感は増してゆきます。

　雨の日、傘をさす人たちの姿は、屋根をもつ建築の風景とどこか重なるところがあります。これほど技術が進歩した現代にあっても、人は雨の日に外を歩く時に傘をさします。人間の身体スケールで合理的に雨を受け流す傘は、どれもシンプルでほぼ共通した姿、形をしています。屋根にも、人のスケールに対応した合理的な姿があるはずなのです。

住宅の基本単位

　私は、住宅を設計するときの家族の基本単位は二人、もしくは一人であると考えています。子供が二人いたとしても家族四人が同時に同じ屋根の下で生活をする時間は意外と少ないものです。子供は学校に、お父さんは会社にいる時間が長く、また子供はやがて家を去ってゆき、さらに夫婦も、どちらかが先に家を去ってゆきます。家族四人がずっと同時に生活をすることを基本にして設計をしてしまうと、

二人もしくは一人になった時に、寂しさと維持管理の難しさを感じる家になってしまいます。家族のためにと建てた広い住宅が、今となっては広すぎたという声を多く聞くようになりました。そしてそのことは空き家問題にもつながっています。

つまり今の日本では、二人もしくは一人でいても家全体に目が行き届いて、寂しさや煩わしさがないスケールを基本として、しかし仮に家族四人が同時に居ても"狭苦しくない程度"を目指して設計するのが、ちょうどいいのではないでしょうか。その感覚を私の経験から具体的な数値に置き換えてゆくと、基本となる住宅の床面積は100平米程度になります。これは坪数にすると30坪です。単位が異なるにもかかわらずキリのいい数値になることもどこか意味があるように思うのは考え過ぎでしょうか。そしてこの規模の建物であれば、前述した"合理的でシンプルな一つ屋根"が架けやすくなります。つまり屋根をいくつも連ねたり、重ねたり、複雑にしなくてもよい単位であるのでしょう。

とにかく、この大きさのなかでシンプルな屋根を架け、しっかりと無駄のないプランニングをすれば、家族構成の変化にも柔軟に対応できる住宅になるのです。またこの大きさの住宅なら燃費も良く、さほど大きなエネルギーも必要としません。メンテナンスも容易で、常に家中の細胞が生きている状況です。このことが家の長持ちと省エネにもつながります。

小さな家の大きな広がり

さて、一人でも寂しくなく、かつ窮屈でもない住宅というものを規模、あるいは間取り以外で表現するとしたらどうすればいいのでしょう。その思想と手法をしっかりと表現するのが建築家の役割なのでしょう。

私は単純に、自身の建築表現によって近隣住人と仲の良い関係をつくる、道行く人に"ああ、可愛らしいいい家だな"と感じてもらう、そんな小さなことの積み重ねを大事にしています。決して家が敷地の範囲内で完結せず、自身の家が他の人の気持ちに、町に、周りの自然に広がり繋がってゆくような、点が線になり面になってゆくようなイメージです。そのためには配置計画や外構計画における設計の密度がとても大切です。

敷地の中でも、隣家や道路との間に余裕をもてるような断面や配置を考えれば、周囲に高い塀を巡らす必要も少なくなります。塀の代わりに樹木を植えれば、隣家や道路に日が差し、風が通り抜けます。この計画が意外と後回しにされることが多いのですが、私にとっては、最初に追求しなければならない大事な計画です。言い方を変えれば、いくら内部のプランニングが良くできていても配置、外構計画が間違っていればそのプランの良さを活かせなくなります。

このように、住まう家族のための小さな家のあり方を考えていくと、自然と町や周囲に開かれていきます。これを突き詰めて考えていくと、"建築"と"建物"の違いは、開いているのか、閉じているのか、ということになるように思います。町や道路や、他人に対しておおらかに開いているものを、私は"建築"と呼びたいと思います。そこには、他者を思いやる思想や、まちの風景や、人の未来があります。敷地や建物と、周辺の町や人との接点を大切にして、どんな小さな家でもかけがえのない日本の風景の一部だと考えれば、風土や建築のはじまりにまで、その形のもつ意味がどこまでも広がりをもつのです。

的確な寸法を持ち、おおらかな美しい屋根が架かり、住まう人の気持ちが家と町の風景に表れる小さな家。そんな家のあり方をイメージして設計を重ねてゆく時間がとても楽しく充実しています。

周囲の風景に呼応する屋根
左から:〈那珂の家〉、〈秦野の家〉、〈軽井沢の家Ⅱ〉、〈我孫子の家〉

更地の状態の計画地

〈小さな五角形の家〉建主と話す

建主夫妻×堀部安嗣（聞き手：柳沢究）

3人家族、一つ屋根の下の暮らし

――まずは普段のご家族の暮らしぶりや、この家にお住まいになられて1年、日頃感じることなどをお聞かせいただけますか。

建主夫（以下、夫）：私と妻と息子の3人家族です。私は仕事で朝早く家を出て、夜は遅かったり早かったり。最近は、遅い時だと23時位に帰宅します。

建主妻（以下、妻）：私は医療関係の仕事をしています。精神腫瘍学、臨床死生学という分野の研究をしていて、仕事を持ち帰ることも多いですね。

夫：この家に住んで1年経ちますが、朝ごはんを食べてるとき、穏やかに窓から光が入ってきてすごく気持ちがいいですね。リビングのソファは座り心地だけでなく寝心地もよいから、お酒を飲んで眠たくなってきたなと思って座ったら、ころっと寝入ってしまって。夏の夜は突き出し窓を開けて扇風機を回しているだけでとても涼しく気持ちいいですし、冬は床暖房が暖かくて、寝落ちしてしまうくらい。

妻：まず使い勝手がいい。もちろんそれは嬉しいですが、それ以上に、たとえば風が通ったり陽が入ったりするふとした時に、ここから先の人生ずっとここに住めることに幸せを感じます。ダイニングは一番気持ちいい場所にしてくださいとお願いしましたが、向こうの丘まで景色が抜ける気持ちよさは予想外でした。あれは敷地をご覧になったときには、もう頭にあったんですか。

堀部安嗣（以下、堀）：やっぱりこの場所の開放感、敷地の東側方向の広がりは捨てがたかったですね。

妻：そういう何気ないところにとても満足しているので、他の細かいところはお任せしてしまって良かったと思っています。息子も最近居心地がいいからか、1階の自分の部屋から2階のリビングの辺りに自分の机を持ってきて絵を描いたり本を読んだり、宿題もここでしています。あと、よく2階をぐるぐる走り回ってますね。

堀：住まわれてからお訪ねする時、水廻りをよく見てしまいます。洗面室の庭先に物が干されているとか、脱衣室がうまく機能しているとか、そういうたわいのない日常の暮らしぶりがイメージできたりすると、ああうまくいったな、この家のポテンシャルを引き出してくれているんだなと感じます。

――完成後も、建主さんとは定期的にお会いするのですか。

堀：別のところに用があるときに、途中下車して立ち寄ったり。「明日行っていいですか？」ということもありますね。家ができてから今日まで3、4回おじゃましています。

妻：本当にふらっと友達が来る時みたいなので、「えー」と驚きながら「いいですよ」という感じです（笑）。

設計依頼：暮らしぶりを実際に体験する

夫：最初に堀部さんのことを知ったのは、雑誌に載っていた〈由比ガ浜の家〉がきっかけです。もともと建築が好きで雑誌によく目を通していて、〈由比ガ浜の家〉の光の感じや落ち着いた空間、単純でも奇抜でもないところが、なんとなく印象に残っていました。でも、実際にコンタクトをとったのはそれから6年後です。当時すでにこの土地に家を建てることは決めていたのですが、具体的に家づくりをスタートするまでちょっと時間がかかる状況だったんです。

――いよいよ建てることになり連絡をとられた。堀部さんの事務所では、最初のお話があってから設計が始まるまで、かなり間があると伺っています。

堀：どんな住宅の依頼でも、今まで私が設計した住宅を何件か見ていただく機会を設けます。写真で見るよりなにより、実際に住まわれている家から、雰囲気を感じてもらいたいと思っているので、ご覧い

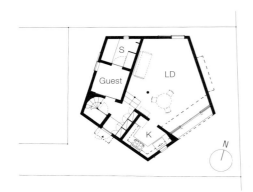

（左）1階平面図　（上）2階平面図
S=1:250

〈由比ガ浜の家〉のプラン　　　　　　　　　　　　　　　　　　　　建主からの要望書

ただける機会があったときにご連絡をします。まず最初は〈軽井沢の家〉をすぐにご覧いただきましたね。
夫：初めて事務所に行った日に「明日空いてますか？」と訊かれて。何とかなりますよと答えたら、「じゃ、軽井沢に行きましょう」と（笑）。その後が湘南だったかな。〈由比ガ浜の家〉と〈逗子の家〉〈鵠沼の家〉の3件です。〈御殿山の家〉〈玉川上水の家〉〈阿佐ヶ谷書庫〉〈浜松の家〉〈浜松の診療所〉など、設計が始まってからも含めると10件くらいは見せていただいていますね。

――実際訪れてみてどんな印象を受けましたか。
夫：事前に作品集は見ていたのですが、実際に行ってみても想像と違わずいい雰囲気でした。思った通りのすごく居心地のよい空間だなと。予想と違ったことは、家ごとにお住まいの方の暮らしぶりの個性を強く感じたことです。

たとえば〈由比ガ浜の家〉は、リビングから見た庭や、丸い壁に包まれた螺旋階段の写真を雑誌で拝見していて、穏やかな光が差し込む柔らかな家のイメージを持っていましたが、実際に見せてもらうと少し印象が違いました。大きな開口部より壁を多く取り、コントロールされた一定の強さの光が室内を満たし、どちらかといえば緊張感が感じられる家の印象を受けました。古くからそこに建ち続けている教会というストーリーでつくったと何かの本で読みましたが、なるほどと納得しました。建主さんの印象と家の印象がリンクしている、まるで家が建主さんそのもののような感じでした。

〈逗子の家〉は、軒が低く包み込まれるような安心感があるにもかかわらず、家の中がとても明るく風も通り、いつまでも居たくなるような気持ちよさを感じました。家の中に長い視線が抜けて、とても居心地がよかったです。造園の仕事をされているとのことでしたので、家全体が手入れされた緑に包まれていて、街並みに対し建物が控え目にあって、駐車場は車をそっとそこらに置いておくといった感じで駐めるのも良かったです。

〈鵠沼の家〉は、周囲が驚くほど建て詰まっているにもかかわらず、家の中からは数値で計り知れないゆとりが感じられました。五角形のリビングの窓の切り方が、立った時にはやや低く感じましたが、隣家の窓が直接視界に入らず、とても居心地が良かったです。多角形を用いることによって、敷地の残りの部分を「間」の空間としてゆとりを生むプランが良く理解できました。また、組木細工のようにきっちりと組み上げられた印象があり、頑丈な家に感じました。

皆さんにお話も伺いながら、こうして暮らす人になじむ家なんだ、ああ、これなら大丈夫だなと。
妻：写真で見るよりも、落ち着いた印象を受けました。ここに住んだらとっても居心地がいいんだろうなと。
堀：実際の空間を体験して、住まわれている方とお話しすると、おおむね私がどういう考えをもっていて、どういう気持ちで仕事に向かうかわかっていただけるんです。そういう機会を重ねて、もう安心して任せますと思っていただける状況ができてから、ようやく契約をして、設計を始めます。

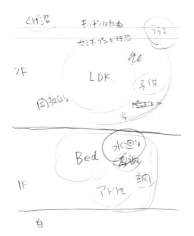 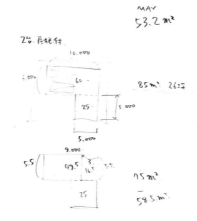 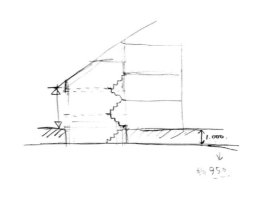

最初の打ち合わせで描いたゾーニング　　駐車スペース検討のための平面スケッチ　　スキップフロア案を検討した断面スケッチ

──建主としては、設計を依頼するために話に行っているのに、長い準備期間の中で、もういいから早く設計を始めてください、とは思いませんでしたか。
夫：慌てる必要はないし、ゆっくり構えてやればいいかなと。雑誌を見て、6年後に連絡をして、そこからいろいろと見学をさせてもらって、契約する1年くらい前、2013年の5月頃にようやく、初めての設計の打ち合わせをしました。
堀：もともと建築がお好きで、お仕事の関係もあって建築の図面も読み込まれていますし、たいへん熱心に研究し熟考される方だと感じていました。あまり急がずにその時間を楽しんでらっしゃる雰囲気があり、こちらも安心して進められました。

──設計を依頼された方は、何件くらい実際の住宅を見学されるんですか。
堀：少なくとも2、3件はご覧いただきますね。こういう仕事のやり方をしていたら、それに付き合ってくださる気の長い方でないと、なかなか進展しません。早く建てたいので付き合いきれないという方は自然と去っていかれて、じっくり取り組もうという方が残ってくださる。何件か見た後に自然と、じゃあそろそろ設計に入りましょうと、契約して最初の打ち合わせをします。

基本設計：多角形の生まれ方

──何件もの見学を通じて、設計開始前にすでに様々なお話を重ねていると思いますが、建主として最初にどのような要望を伝えられましたか。

夫：具体的な要望はあまり伝えず、こんなふうに暮らしたいね、というポイントだけをまとめて、メールをお送りしました。
妻：ダイニングは家の中で一番気持ちのいい場所に、2番目は主寝室、子供部屋は3番目でとか。メインのスペースを広くたっぷり、部屋は必要な分だけでいいですよ、ということもお伝えしました。
堀：「六角形の家とか、ああいう多角形の家は好きです」とも書かれていて。設計の方向性を決める拠りどころになりました。
夫：〈由比ガ浜の家〉と〈府中の家〉〈桜山の家〉〈鵠沼の家〉など、多角形プランの住宅の載った雑誌を持っていて、面白いなと思っていました。
堀：最初の要望書で「多角形は嫌だ」と言う人もいるんです。人によって結構はっきりと好みが分かれるので面白いですね。

──堀部さんから建主さんへ、特に確認されるポイントは何でしょうか。
堀：必要なタイミングでその都度確認をしていますが、最初は、希望する家の大きさや、なぜこの土地を選ばれたのか、といったことを伺います。この住宅の場合、建ぺい率30％という敷地の中で2台分の駐車場をどのような形式でとるか、どういう家の配置がよいかを最初に議論しました。青空駐車なのかガレージ系なのか、こういう風に駐車すればプランはこうなります、という具合に。その時に、基本となる配置とプラン、2階をリビングにする話もしました。その中で、ご夫妻がこの土地をどう思って、町に対してどういう関わり方を求めているのかとい

まちなみとの関係がわかる模型（s＝1:100）

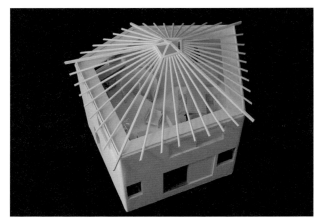
2階のワンルーム構成を表現した模型（s＝1:30）

うことも確認しました。
夫：1階があまり気持ちよくならないと聞いて、3階建てにすることも考えたのですが、3階建ては佇まいをよくするのが難しいんですよねと言われて、その場でぱっとスケッチを描いてくださった。それを見て、なるほどなあと思いました。
堀：まだ多角形にすると決まっていない段階の時ですね。その時は必ずしも五角形ではなくて、四角形になる可能性ももちろんありました。

――建主との打ち合わせ頻度や内容は設計事務所によって様々ですが、堀部さんはどのように進められますか。
堀：打ち合わせをするのは基本の方針を決めるところまでで、設計を開始してからは一切しません。「鶴の恩返し期間」と呼んでいて、「いい機を織りますので覗かないでください」と伝えています。最後の打ち合わせから半年位たって、クリスマスプレゼントで模型をお見せしました。

――「鶴の恩返し期間」が終わったときには、完成に近い状態ですか。
堀：基本的には「もうこれしかない」というところまで詰めて考えます。建主にしてみれば、半年も待たされて、もしこのプランが気に入らないと、さらにまた半年かかるな、というプレッシャーがかかるので、このプランでなんとか進めさせてください、という作戦です（笑）。

――共働きで忙しくされていると思いますが、家事動線などについての要望はありましたか。
妻：全くしませんでした。住宅の基本的性能は必ず満たしてもらえると安心して任せていました。収納の場所や量の具体的な要望もしておらず、ベッドやピアノなどの大きいものだけお伝えしました。今はまだピアノは置いていませんが、将来設置するためのスペースを2階につくっていただきました。
夫：最初にお会いしたときからずっと、堀部さんは黙々と進んでいく方だと感じました。最低限の要望をお伝えして、あとはお任せしました。私たちも、建築家にお願いするのであればそうしたいと考えていました。
堀：お任せいただけることをありがたいと思うのと同時に、責任感も増します。そういう責任のある状況で設計をしたいと思っています。

プランの検討：設計期間の信頼関係

――半年間の「鶴の恩返し期間」の間、設計はどのように進められたのですか。
堀：半年の間、事務所でいろいろなプランをつくりますが、それを見てもらってどれがいいですかと訊ねることは、その段階ではしません。今回の場合、車を2台駐車するという要望が課題でもあり、設計の起点になりました。駐車場然とした家にはしたくない、余白の部分にさり気なく車が馴染んで駐まっているのがいいなと最初から考えていたので、その2台を敷地の中にどう入れるべきかというところからスタートして、対応するプランを考えていきました。
　また、周囲の家の建ち方も面白くて、東南の方に

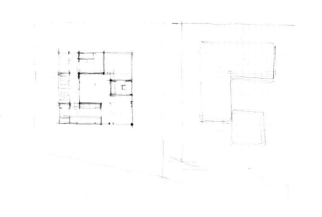
正方形のプランを敷地に素直に納めた初めのスタディ

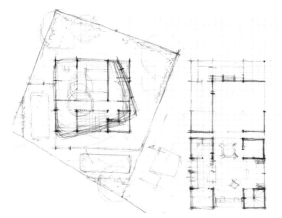
敷地に対して30°程度振ってプランを配置してみるスタディ

大きな広がりがあったんです。南西方向にある緑の眺めをどう活かそうか、ということも初めに考えました。それらとあわせて、まずは窓辺を考えます。窓の位置や眺め、開放感がこの敷地の中でどう得られるのか。かなり外壁後退も必要だったんです。道路から2m、隣地境界から1.5m離さないといけなかった。どうせ四周を空けなければいけないなら、それを活かしてやれと考えました。一般的には北側にぎりぎりまで寄せ南側に庭をとった四角形の平面にすることが多いと思います。しかし、そうすると北側に使いようのないスペースができてしまう。開けた南側の庭も正面に2階建ての家があるので、その家をずっと眺める生活も気持ちよくないなと考える。やはり真四角、しかも北側に寄せる配置はない。車2台をその南の庭に入れるのももったいない。

そのように考えるうちに、多方面に余白が生まれるように、中央に多角形をぽんと置くというプランになっていきました。

──設計者と建主の意見がぶつかってしまうことはよくありますが、今回は「鶴の恩返し期間」以降、そのようなことは全くなかったそうですね。事前の長い準備期間が大切なことがよくわかります。
夫：スケール感がわかるという点はとても大きかったです。実際に住んでいる様子も見ているので、この部屋はあの家のあそこの感じだと、すぐにイメージできる。〈由比ガ浜の家〉や〈府中の家〉とほぼ同じくらいの大きさなんですよね。〈由比ガ浜の家〉を見せていただいたときにはその規模の感覚がよくわかりました。建坪が15坪くらいなので、数字だけ見ていた時は小さすぎるんじゃないかなと心配だったのですが、そんなことはなかった。
堀：多角形がどのような暮らしに対応できるのか、住まわれている人たちの様子からわかるので、台所の使い勝手や家事動線にも納得してもらえますね。この家は1階の天井高が2100mmしかなくて、通常であれば低すぎないかと心配されると思うんです。でも前にご覧いただいたあの家も同じですよとお伝えすると、じゃあ大丈夫だと安心していただける。

──その建築家の住宅での実際の暮らしぶりを複数見られるというのは、建主の方にとってはたいへんありがたい機会ですね。
堀：すでに建った住宅で生活している建主Aを、新しい建主Bが訪ねます。そして建主Bの家ができると、さらに新しい建主Cが訪ねてくる。そんな具合に、順繰りでバトンが渡っていく関係ができています。

実施設計：工事の現場で確認すること

──実施設計以降の打ち合わせはどのようにされましたか。
夫：事務所には2、3回くらい伺いました。堀部さんも意外にフットワーク軽く訪ねてくださって、駅の喫茶店で話したりもしました。東京に事務所があるので現場の監理をどうされるのか気にしていたのですが、所員の方だけでなく、堀部さんもよく来てくれて安心しました。工事が始まってからは、所員の方は毎週来られてたんじゃないかな。

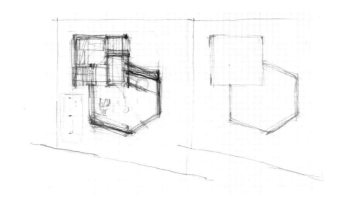
正方形と正六角形を組み合わせた案

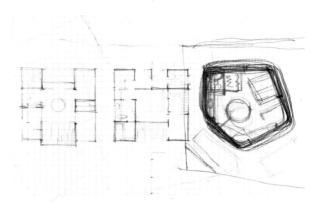
1階で円を描く動線に呼応して五角形の輪郭が現れる

堀：実施設計に進んだ以降は、基本的にほとんど打ち合わせはしません。ある程度の図面ができて、設備機器や仕上げなど9割方の細かい仕様を考え抜いて、生活に関わる部分が見えてきた時点で、一度打ち合わせをします。打ち合わせというよりも確認みたいなものですね。今回、最後まで決まらなかったのは外構ぐらいです。庭をどうするか、どういう木を植えるか、塀をどうするか、未定のまま建築工事が進んでいって。それが進展したのが、櫻井靖敏さんという植木屋さんに出会ってからでした。車の入れ方も1台は横向きにしようと、櫻井さんが最終形を提案してくれたんです。結局庭が完成したのは住まわれて3カ月くらい経ってからでした。

夫：息子もしょっちゅう見たがっていたので、現場には頻繁に来ていましたが、現場で打ち合わせをすることはあまりなかったですね。設計段階では、すこし小さいと感じていた窓を大きくしてほしいとお願いしたり、主寝室の雨戸を通気できるようにしたいと相談したくらいです。

――通風や熱環境はどのように考えましたか。

堀：玄関の脇の小窓から良い風が入ってくるんです。玄関の戸を開け放しておくのは心配だし虫も入ってきますが、玄関戸を閉めていても小窓を開けると、風が階段を昇って2階まで抜けます。1階のプランは、動線もコンパクトなので風通しがよく澱んだところがありません。このあたりのことは、いわば「住むための機械」のように考えてます。まず普通に必要なことは当たり前にやる。この家ではそれに加えて、暮らしの中心が2階にあるため、2階でくつろいでいるときでも1階に風通しが得られるよう、施錠しながらも風が通る工夫をしています。

屋根のつくる居場所と多角形の原始性

――この住宅では屋根が大きな特徴になっていますが、屋根についてはどのように話が進んだのでしょうか。

堀：『memento mori』[1]という冊子を以前つくったのですが、奥さんが死生に関する研究をされていることもあり、その「メメント・モリ＝死を想え」という言葉が話題に上ったんですよね。そこから「どのような屋根の下で死にたいか」という話をしました。この住宅の屋根については、勾配や密度の緩急が人の居場所と呼応しあうことで、建築の構造と営みがフィットするということを考えたのですが、実際に住まわれてみて実感されますか。

夫：立っているときはあんまり意識することはないのですが、座っていると緩い勾配はいいですね。ゆったりと気持ちが落ち着くような感じがします。

妻：今は時間に追われる生活なので私自身は残念ながら感じにくいですが、遊びに来た方が、よく緩い勾配の屋根の下で「落ち着く」と言ってくつろいでますね。

堀：家を建てる時点での趣味や心境にもとづいて家をつくるのではなく、そのような人間のもつ身体感覚に忠実でありたいと考えています。趣味嗜好というのはわりと賞味期限が短いので、もっとベーシックな、個々人に枝分かれする前に人間として共通に持っているオリジンとでもいうべきもの、それと町との関係を見つめたいと思っています。わかりやす

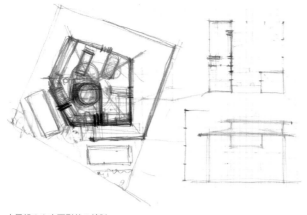
小屋組みや立面形状の検討

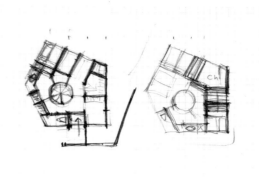
1階プランの検討

く言えば、歳をとって趣味が変わっても、飽きのこない家であることが一番大事ですね。
夫：確かに堀部さんの家って、形は奇抜に見えても中はすごく普遍的な感じがします。
堀：原始的ですよね。多角形は円形に近いので、家というより巣のような感じがある。円形に近い屋根の下の空間には、テントやパオの中のような、原始的な生活の感覚があるんです。毎日キャンプしているような気分になる（笑）。それは、人間という動物のもつ原始的な居場所の感覚が喚起されているからではないか、そんなふうに思うんです。

──地面にふわりと屋根だけを被せて置いた、といった佇まいがありますね。配置や平面形状は、敷地や周囲との関係から決まっているのに、そのような普遍性にまで到達している。
夫：模型を見た時、地球上にふっと無理なく置いてあるなという印象を受けたんですよ。その一方で、このまま隣の土地に置いてもちゃんと成り立つような姿でもある。

まちへ繋がる建ち姿

──これまでの正多角形の家と違い、この家は少し変則的な多角形ですね。正多角形はやや生真面目すぎる感じもありますが、このちょっと崩した具合が、住んでいて楽しそうです。
堀：直角と鈍角が共存して柔らかくなって、独特の浮遊感がありますね。家の中にいて方向がわからなくなる。道路や隣の家がどこにあるかがわからなく

なり、世界にこの家だけがあるような。
夫：建築が好きでサヴォア邸[2]やアアルト自邸[3]も見に行ったんですが、海外の住宅は大きすぎると感じました。この家は日本の住宅らしく、こぢんまりとしていますが、住んでみて狭さを一つも感じない。
堀：この家の開放感は、構造的にもチャレンジがあって初めて成立しました。このような木造の無柱空間は、屋根の重みで外壁が外に開かないようにするのが難しいんです。柱を中心に1本建てると楽なんですけどね。

──玄関ドアの向きも良いですね。道路や隣地に向き合わず敷地の隅に向かって微妙に振れている。正面から開くのでも塀を廻して閉じるのでもなく、さり気なく町に開いている感じがあります。
堀：いま振り返ってみても、よくできたプランだと自負しています。このような変則多角形の輪郭にプランを馴染ませるのは結構難しいんですよ。1階の間仕切り壁をすべて階段室の中心に向かうよう整えるのは、特に大変でした。プランが納まった時は嬉しかったですね。

今日来てみて、ようやく家が完成されてきたのかなと感じました。1年経って、暮らし方も含めた家のポテンシャルが十分に発揮されているように思います。これからお子さんの成長や生活の変化に合わせて、長い目で見て使いこなしてもらい、どんどんこの家が変わっていくであろうことも楽しみですね。
（2016年5月21日〈小さな五角形の家〉にて収録）

1：〈伊豆高原の家〉の記録をまとめた私家版の冊子。
2：建築家ル・コルビュジェが設計した住宅。1931年竣工。
3：建築家アルヴァ・アアルトが設計した自邸。1936年竣工。

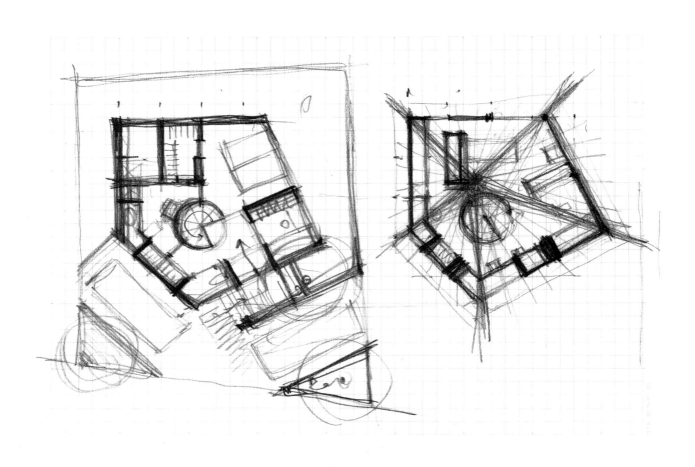

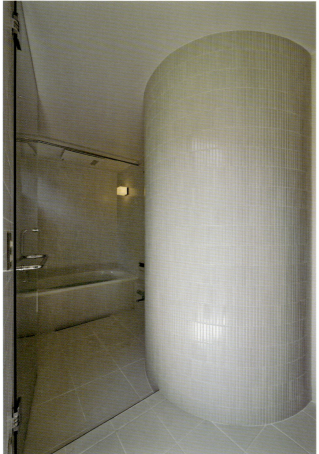

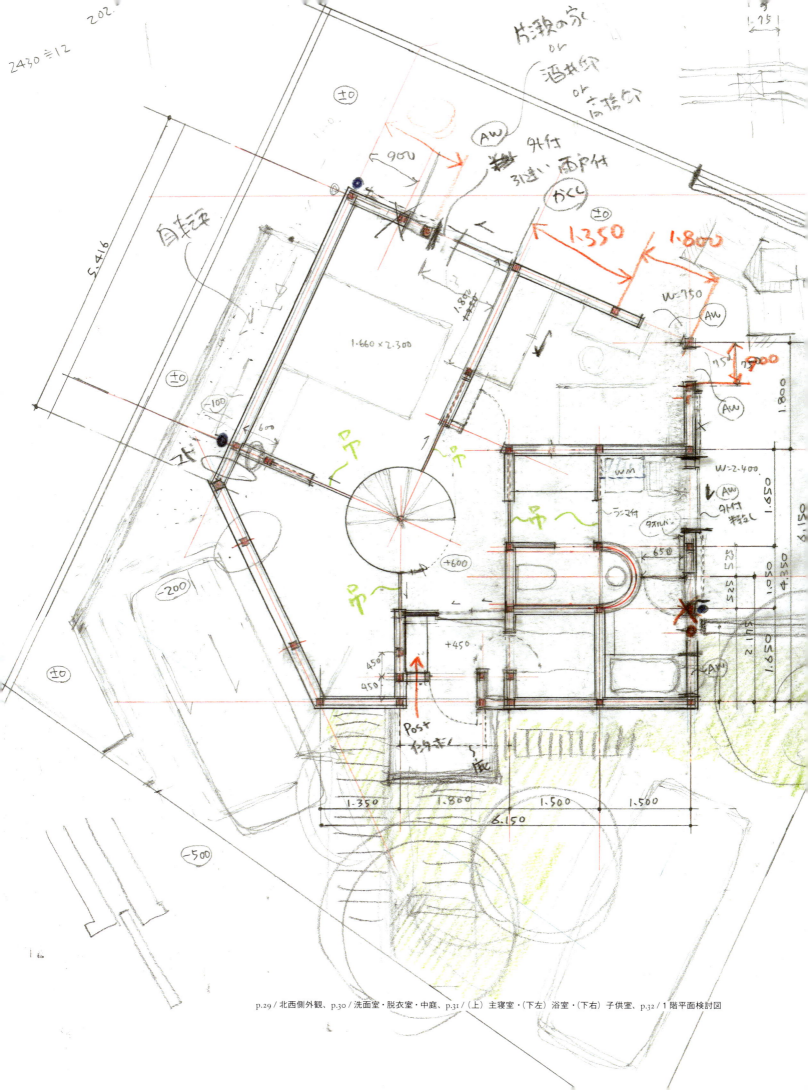

p.29 / 北西側外観、p.30 / 洗面室・脱衣室・中庭、p.31 /（上）主寝室・（下左）浴室・（下右）子供室、p.32 / 1階平面検討図

chapter 1

実施設計　意匠図

平面図の完成度

　設計の仕事は大きく分けて三つの段階で成り立っています。建主の要望を聞き、土地を見て、様々な条件を整理しながら自分の表現したい建築の大枠を考え、図面や模型でプランを表現する"基本設計"。実際に工事をすることができるように、正確な工事費を計算することができるように詳細な図面を書く"実施設計"。工事が始まったら現場に行き、設計図通りに施工が行われているかを確かめながら、さらに詳細な図面を描く"設計監理"。その三つの設計がセットになってようやく自分の表現したい建築をつくることができます。

　ですからどれが一番重要な段階と決めることはできませんが、しかし、やはり私が最も大切にしているのが"基本設計"です。基本設計の中でも平面図に特に力を入れています。

　平面図が納得のゆく完成度に達していないまま、次の段階に入ると、必ず自分が表現したい建築とは何だったのか、ということがわからなくなってしまいます。つまりボタンの掛け違いがこの先ずっと続いてゆくことになります。

　反対に納得のゆく計画ができていれば、その後の段階においてもやるべきことはおのずと見えてきて、スムーズに淡々と設計、現場が動いてゆくのです。

　そう考えると基本設計におけるプランは小説のストーリーのようなものかもしれません。

（堀部安嗣）

配置図・建築概要

変則的な五角形が生む性格の異なる五つ庭

　敷地は名古屋市郊外の丘陵地帯に広がる住宅地の一角に位置する。周辺街区は整然と区画され、戸建て住宅が間隔をやや広めにとりながら建ち並ぶ。

　間口約13m・奥行き13〜15m、西側で幅6.3mの道路に接する面積178㎡の台形状の敷地の中に、五角形の平面を配置することで、性格の異なる五つの庭がつくりだされている。

　道路側のスペースは五角形の鈍角によりゆるやかに二分される。道に開く二つの前庭には、2台の車が建築に寄り添いながら植栽の間にさり気なく駐められる。道路に対して斜行する2枚の外壁は、この敷地にとどまらず、街に対しても変化と奥行きを与えている。

　奥には、敷地南側に突出する直角の出隅によって道路の視線から守られた、三つ目の庭がある。南東方向に広がる隣家間のオープンスペースと一体化した、空に開いた明るい中庭である。

　その中庭から続く東側の庭は、主寝室に繋がる落ち着いたバックヤード。北側には外壁後退距離ぎりぎりに寄せられた自転車置場がある。暗いデッドスペースになりがちな裏庭も、五角形の鈍角による前庭／中庭の滑らかな接続と、隣家の庭と位置を合わせていることにより、窮屈さを感じさせないものとなっている。

余白の多い街区の空間特性を活かす

　敷地と設計条件に導かれたのは、二角が直角となった変則五角形の平面である。隣家間の間隔が広く余白の多い既存街区の特性を活かすよう、敷地をまたいだ屋外空間の広がりや視線の抜けを意識しながら、建築の輪郭は決定されている。

　30%の建ぺい率に第一種風致による外壁後退（隣地1.5m、道路2m）という条件で、2台分の駐車スペースをいかに自然な佇まいで設けるか。この駐車位置の検討が設計の出発点になったという。北側に建築を寄せ、南側になるべく大きな庭をとるのが常套的な配置ではあるが、それでは敷地外周に活用しづらい細長いスペースが生じ、また道路際は車によって塞がれてしまう。唯一開くことのできる南側も、隣家の背面（北面）と向き合うことになる。

　この特徴的な五角形の平面は、街区に散在する余白にリンクする開放性と、周囲とのほどよい距離感とを両立させるツールとして導かれたのである。

建築概要	
建築用途	一戸建ての住宅
区域区分	都市計画区域内／市街化区域
用途地域	第1種低層住居専用地域／建ぺい率30%／容積率100%
防火指定	22条地域
高さ制限	道路斜線1:1.25／北側斜線5m＋1:1.5 高度地区（10m高度）
その他	第1種風致地区（外壁後退道路2m、隣地1.5m）
道路幅員	西側：幅員6.36m、接道12.84m
構造規模	木造2階建
敷地面積	177.58㎡（53.72坪）
床面積	1階 51.41㎡（15.55坪） 2階 52.22㎡（15.79坪） 103.63㎡（31.39坪）[建ぺい率29.41%、容積率58.38%]
工事期間	2014年8月〜2015年2月
工事範囲	建築工事、設備工事
別途工事	置家具、ブラインド、外構造園工事

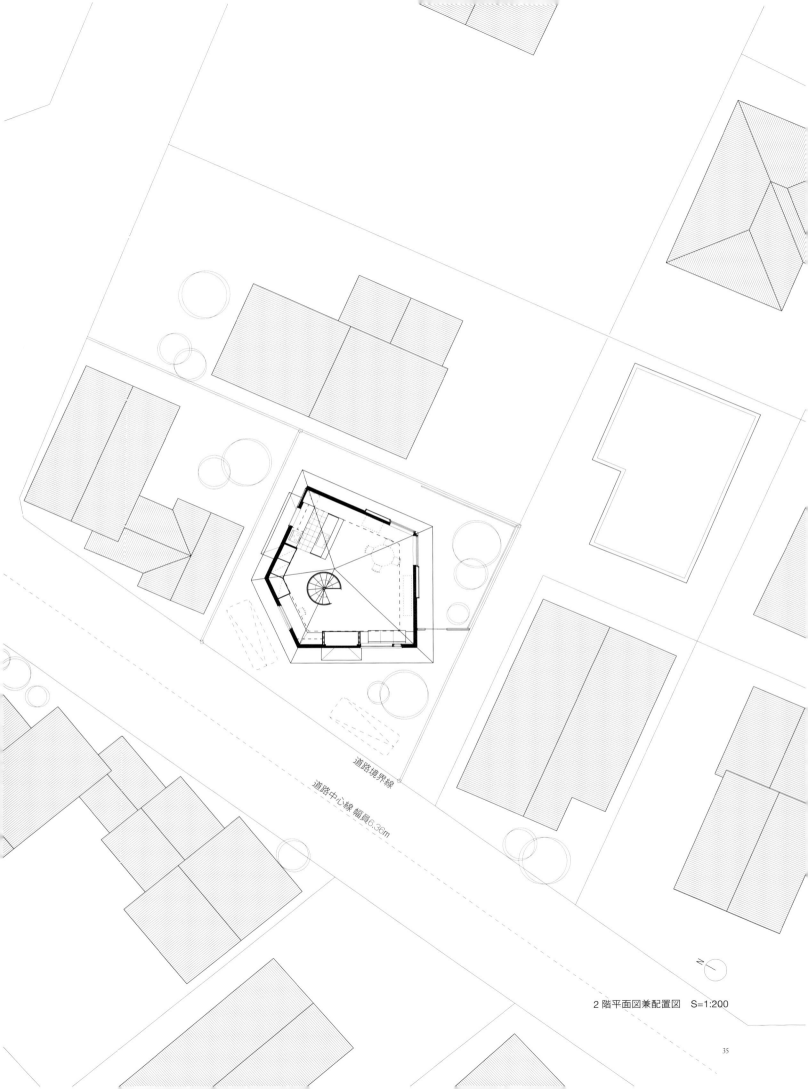

2階平面図兼配置図　S=1:200

1階平面図

階段を中心とした回遊性と外へ放射する広がり

1階では、中央に置かれた円形の階段を中心に、個室と水廻り・収納などの小さめの諸室が、変則五角形の外周をなぞるようにコンパクトに配置されている。大きなベッドが置かれる主寝室とサービス機能がみっちり納まる水廻りは矩形で構成され、矩形と五角形とのずれを子供室とウォークインクローゼットが吸収する格好である。

動線は階段室のまわりに集約され、無駄のない最小限の円を描く。階段に接しているのは3枚の引戸のみであるため、戸を引込むと階段が太い柱のように立ち現れる。階段まわりから諸室に入ると、外周の開口部から庭まで、階段を中心とした放射状の視線が長く抜ける（p.30）。きわめてコンパクトな構成にもかかわらず、階段を回遊する動線と、中心から五角形外周に向けて放射する抜けによって、強い一体感と流動性・広がりの同居するプランが実現している。

子供室は、日当たりや眺望の良い快適な場所にという要望があり、南の中庭に面して配置された。主寝室と水廻りの位置は様々な案が検討されたが、駐車場や隣地の路地との位置関係を考慮して、最終的に水廻りと玄関脇の納戸・クローゼットをひとまとまりにする形で南側の一角に納められた。

多角形プランニング

東（E通り）・南東（A通り）・南西（B通り）の3辺の外壁長さは、いずれも6150mmに揃っている。このような多角形平面では形状や寸法などが各所でイレギュラーになりやすいため、可能な限り規則性を与えることが重要である。6000mmという寸法は、尺寸換算しやすく比例分割にもすぐれ、構造的スパンとしてもほどよく、使い勝手のよい数字である。ここでは少し余裕をもたせて6150mmとなっている。

多角形平面を構成するポイントの一つは、間仕切り壁を多角形の入隅に設けず、外周壁と直角に配置することである。部屋の中に扱いづらい鋭角の隅が生まれず、多角形の鈍角がもつ伸びやかさを存分に内部空間に活かすことができる。

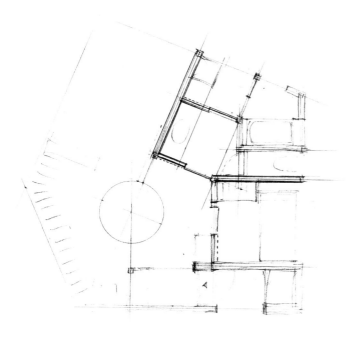

水廻りの配置を検討したスケッチ

便所のR壁の開始位置の検討スケッチ

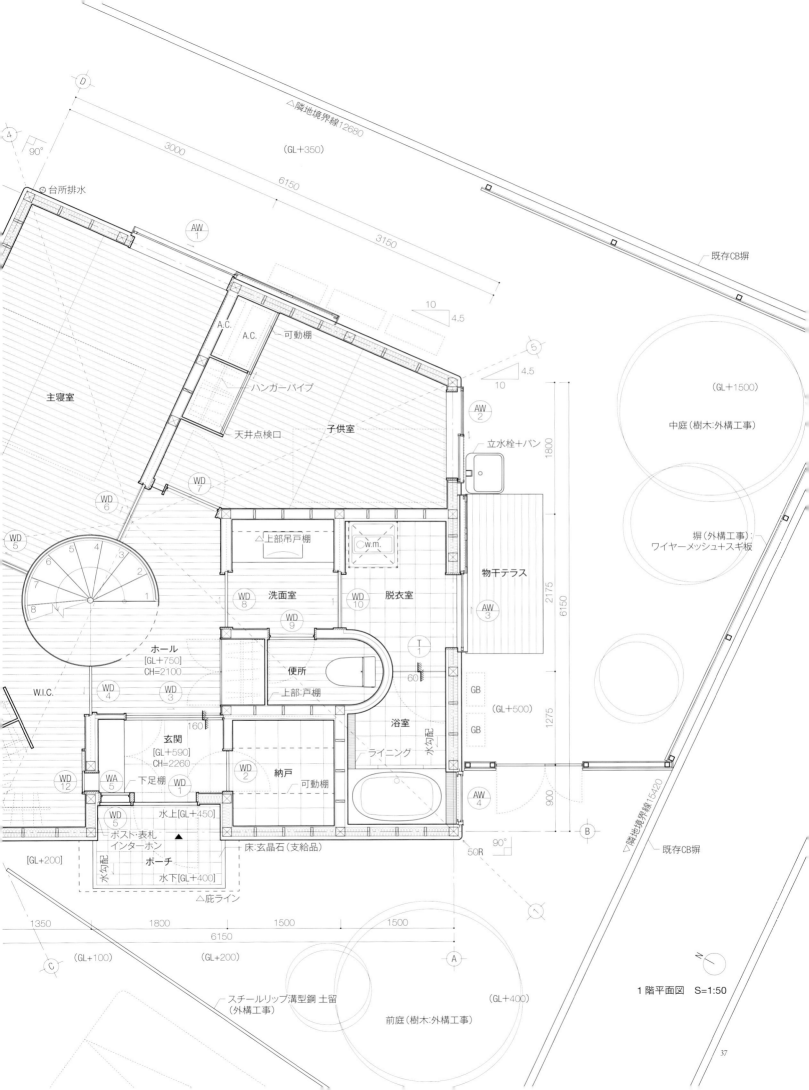

1階平面図　S=1:50

2階平面図

ワンルーム空間の中の緩急

　1階とは対比的に、仕切りのない広々としたワンルーム空間である。台所・食堂・居間・書斎が円環状に流れるように連なる。単調で抑揚のないワンルームは物理的には広くても感覚的には狭く感じられることがあるが、ここでは微妙に偏心した階段や要所の窓、造作収納などが、大きなワンルーム空間をゆるやかに分節し、大小・緩急の変化を生み出している。

　「家の中で一番快適な場所に」と要望のあった食堂が、まずは、街路からの視線を避けつつも窓からの眺望が開け、朝日も差す南東部に配置された。その街路よりに居間、北側に台所が並ぶ。書斎のカウンター形状がそうであるように、各スペースが五角形の入隅に生まれるほどよい"囲まれ感"を活かし、居心地よくしつらえられている。

控えめながら視線の抜ける開口部

　窓の数やサイズは、空間全体の大きさに比べると、かなり抑制的である。写真や図面だけを見ていると、少し暗すぎるように思われるかもしれない。しかし実際にそこへ身を置いてみると、その控えめな窓が、窓からの距離によって異なる役割を果たしていることに気がつく。窓から離れて立てば、狙いすましたように遠くまで視線が抜ける。食堂の窓からは東方向へ、隣家間に生じたオープンスペースを貫いて遠くの丘に視線が抜ける（p.1）。書斎の窓からは数十m先の交差点が、居間の窓からは隣の街区の樹々が見えるのである。そして食堂や居間のしかるべき場所に座れば、充分な明るさと視界の広がりが得られる。窓から差し込み床にバウンドした光は、天井の扇垂木に光と陰のグラデーションを映し、ワンルーム空間の中にもう一つのリズムを生み出してもいる。

階段室から居間を見る*

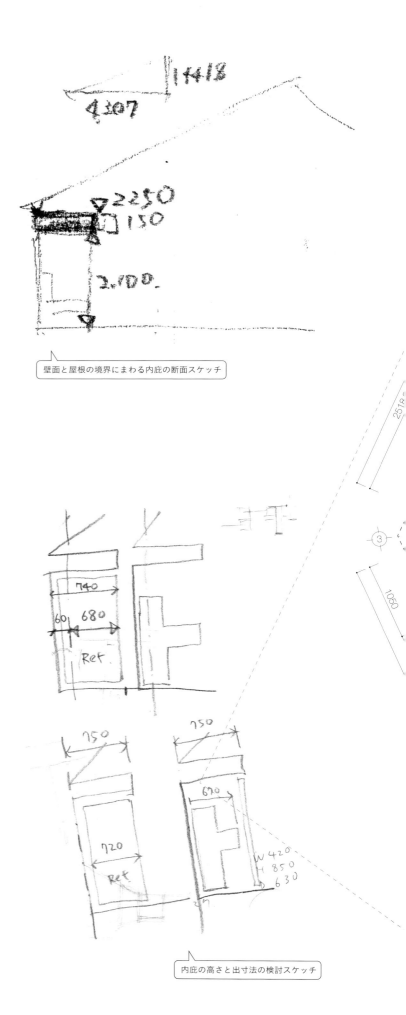

壁面と屋根の境界にまわる内庇の断面スケッチ

内庇の高さと出寸法の検討スケッチ

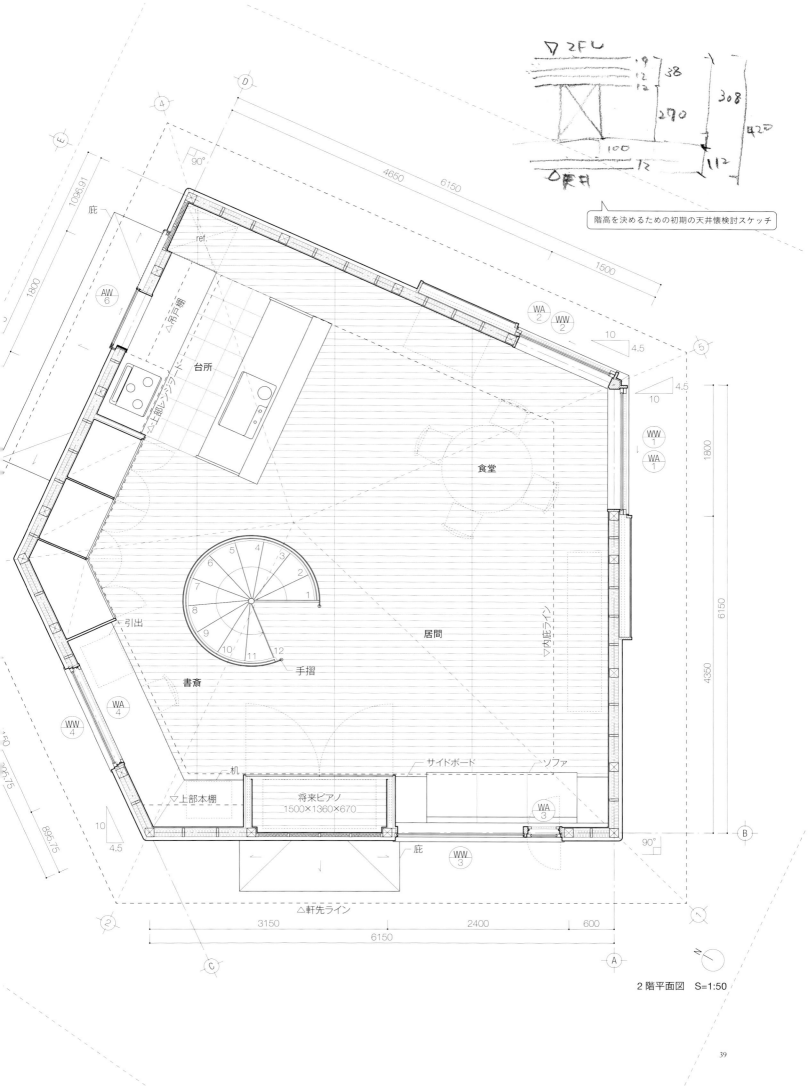

2階平面図　S=1:50

天井伏図

生活と呼応する扇垂木の天井

2階天井は屋根の扇垂木（p.66）があらわしで仕上げられ、その下の空間を大きく覆う。垂木の根元部分には深さ約700mmの漆喰塗の内庇がめぐる。天井高は、垂木が集まる蕪束部分で3560mm、内庇の内法高さが1950mmである。

天井の高い中央部には1階と同じくコンパクトに回遊する動線が、天井が下がった周縁部には人の滞在する場所が配される。さらに、扇垂木の中心が微妙に偏心しているため、天井面を構成する五つの三角形は、面積・勾配・垂木の密度がそれぞれ異なる点がポイントである。大きな面の三角形では勾配は4寸、垂木間隔は比較的広く、全体としておおらかである。小さな三角形では勾配もより急で、垂木も密につまりダイナミックである。おおらかな天井は食堂や居間など「静」の場所にかかり、ダイナミックな天井は階段や台所、ワーキングスペース（書斎）といった「動」の場所にかかる。外周の内庇は、雑多になりがちな家具や設備をとりまとめるとともに、空間に奥行きと陰影を与えている。

天井の形態や表情の違いがその下の生活の質と呼応し、一つの屋根の下のワンルーム空間に様々な性格の場所が生み出され、日常生活の中での空間体験を豊かなものにしている。

フラットに表情を抑えた1階の天井

動きのある2階天井とは対照的に、1階の天井はすべて白に統一したフラットな表情である。天井高が2100mmと低く天井に目が近いので、その点でも表情の強い仕上げは好ましくない。板物の仕上げ材は多角形の隅や円弧との納まりが悪いため、仕上げは湿式工法として、左官（外部の軒天井）・フッ素系塗装（浴室など防湿部）・AEP塗装（室内）と、場所ごとの必要に応じて3種が使い分けられている。

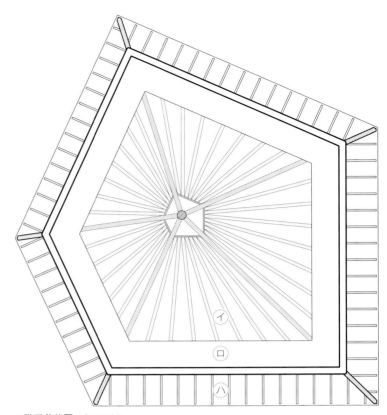

2階天井伏図　S=1:100

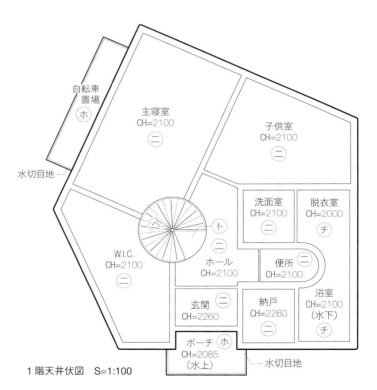

1階天井伏図　S=1:100

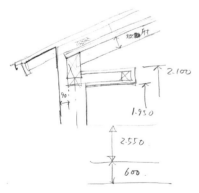

内庇と垂木の納まりと高さの検討スケッチ

扇垂木の天井が急勾配・高密度の台所*

記号	凡例	記号	凡例
イ	化粧野地板:スギ（上小節）24t 相ジャクリ OF 化粧垂木:ベイマツ φ90 OF 化粧隅木:ベイマツ 270×120 OF	二	PB 9.5t AEP塗装
ロ	PB 9.5t 漆喰塗	ホ	リシン掻き落とし
		ヘ	階段裏:OP
ハ	化粧野地板:スギ（上小節）12t 相ジャクリ OS 化粧垂木:ベイマツ 105×45 OS 化粧隅木:ベイマツ 270×120 OS（裁ち落し）	ト	シナベニヤ 9t OP
		チ	PB 9.5t フッ素塗装

屋根伏図

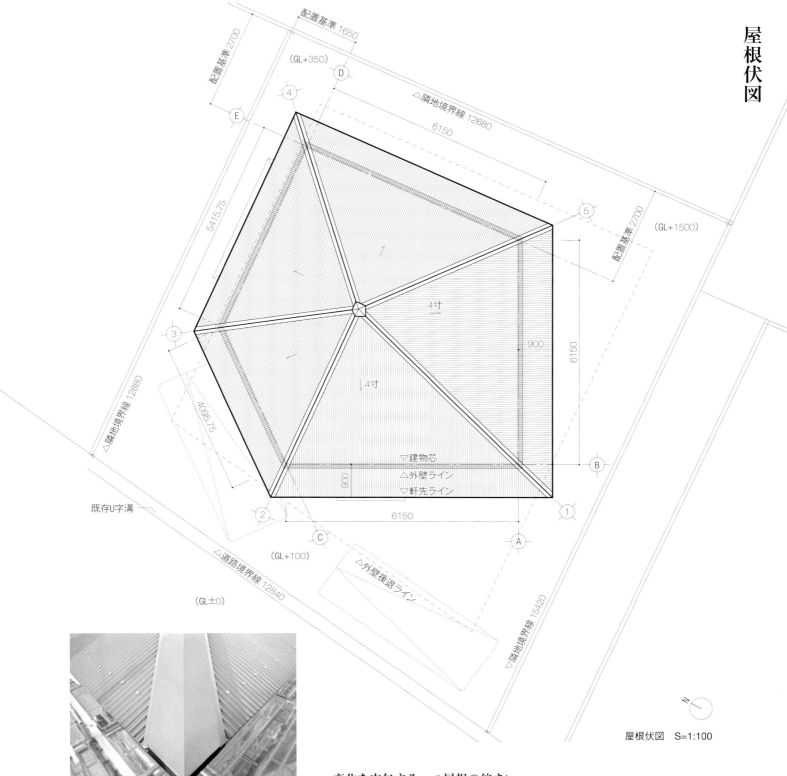

屋根伏図　S=1:100

ガルバリウム鋼板小波板葺きの屋根

鼻隠し、雨樋のない軒先

変化を内包する一つ屋根の佇まい

　五角形の各隅から登る隅木が一点に集まる、五角錐状の変則的宝形である。宝形や寄棟の屋根形状は、屋根面が細かく分割され、また外周部の高さが自然と低くなるため、切妻のように強い屋根面や妻面が生まれず、周囲にやさしい"利他的な"屋根となる。

　屋根の頂点を中心から微妙にずらす操作が、分割された三角形の屋根面、ひいては内部空間に、勾配の緩急とサイズの大小の変化をつくりだしている。勾配は南側の緩いところで4寸、北側では約6寸。軒の出は900mとやや深めである。

　葺き材には、変則的な屋根形状に対応しやすいという理由で、ガルバリウム鋼鈑の小波板が選ばれている。板金の立ハゼ葺や横葺きもシンプルな葺き方ではあるが、このように面ごとに勾配が異なる屋根では、接続部での納まりが悪くなる。鼻隠しと雨樋なしで納められた簡素な軒先は、外観の朴訥とした表情に一役買っている。

立面図 1

北・北西・南西

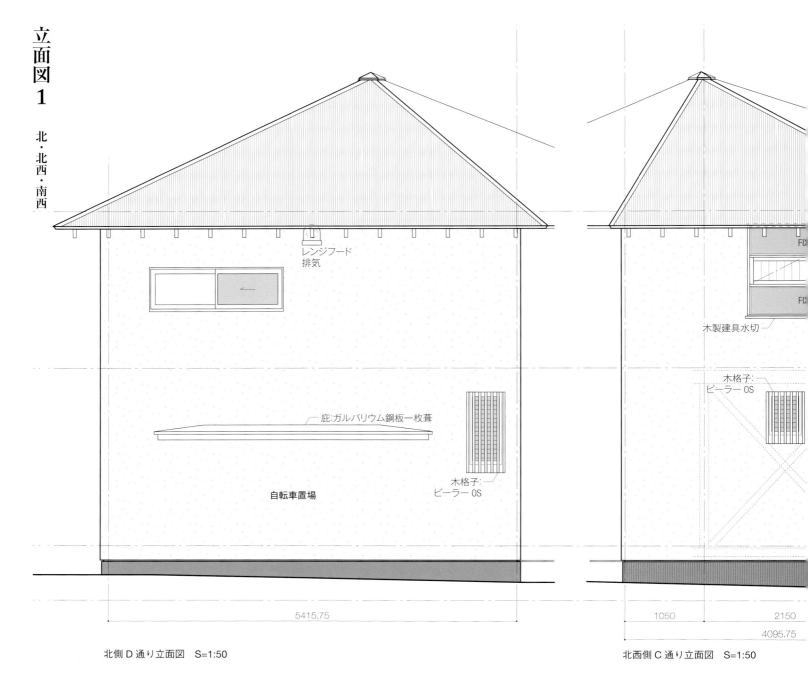

北側 D 通り立面図　S=1:50

北西側 C 通り立面図　S=1:50

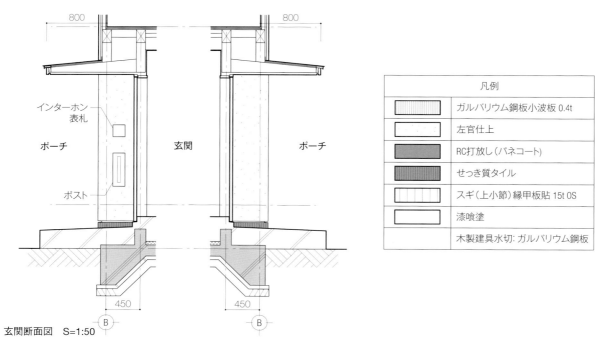

玄関断面図　S=1:50

凡例	
	ガルバリウム鋼板小波板 0.4t
	左官仕上
	RC打放し（バネコート）
	せっき質タイル
	スギ（上小節）縁甲板貼 15t OS
	漆喰塗
	木製建具水切: ガルバリウム鋼板

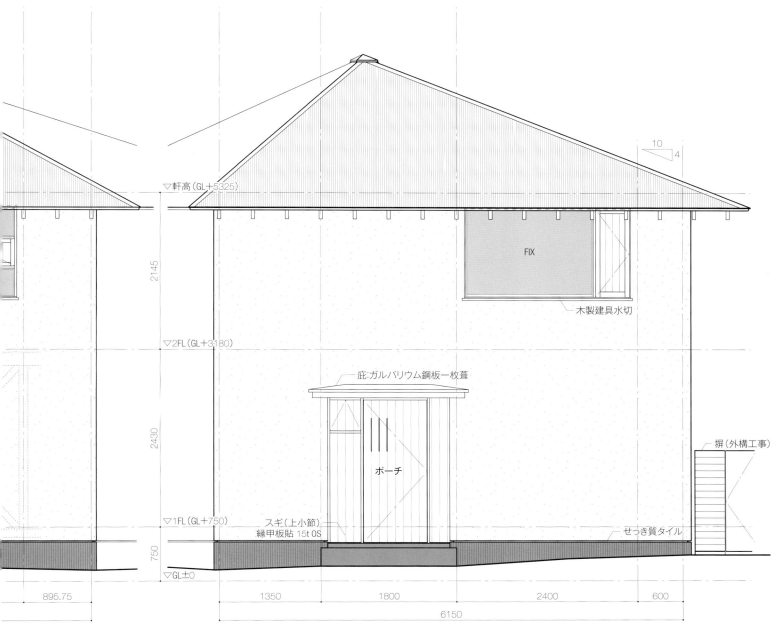

南西側B通り立面図　S=1:50

街に対するやさしい建ち姿

　小さな傘のような屋根をかぶる五角柱の形状、開口を絞った壁勝ちの立面、そこを覆う大面積の左官仕上げ（リシン掻き落し）。アールで処理された出隅の陰影は外壁面を滑らかに繋ぎ、足元をめぐるザラリとしたせっ器質タイルの巾木は、この家が地面から生えているかのように壁と地面との繋ぎ目をぼかす。

　これらの効果の複合が、柔らかでマッシブな佇まいをつくりだしている。周囲に対して文字通り「角がとれた」、やさしい建ち姿である。

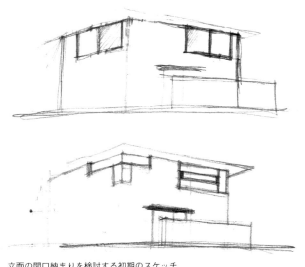

立面の開口納まりを検討する初期のスケッチ

立面図 2

南東・東

▽軒高（GL＋5325）

2145

戸袋　　木製建具水切

▽2FL（GL＋3180）

浴室乾燥機 ○ ○ 脱衣室

2430

塀（外構工事）

床暖房用 GB　給湯 GB

手前:雨戸
（二枚連結）
奥:漆喰塗り

ウッドデッキ

▽1FL（GL＋750）

750

▽GL±0

| 900 | 1275 | 2175 | 1800 |

6150

南東側 A 通り立面図　S=1:50

雨仕舞や戸締りに配慮した開口部

外部開口は、木製建具とアルミサッシを使い分けている。玄関と軒に近い2階の窓は木製建具、軒から距離があり雨の掛かりやすい1階はアルミサッシである。木製建具には雨仕舞の小庇が欠かせないが、ここでは多角形のボリュームを素直に見せることを優先し、1階では小庇のつく木製建具が避けられている。

1階の主寝室（東側）と脱衣室（南東側）の窓は、アルミサッシの引違い窓を片引きで使い、引き残しのない開放的な開口としながらも、既製品のアルミルーバー雨戸を用いて、戸締まりと通風を両立させている。2階にリビングのある住宅では、どうしても1階に人がいない時間が長くなることへの対策である。

東側では2階キッチンからの排水管があらわれている。1階階高を抑えているため天井懐を大きくとれないことが主な理由であるが、寝室のある1階への排水音の問題も回避でき、メンテナンスもしやすい。

住まい手の帰りを待つ立面

立面構成がうまく納まると、夕景、つまり夜に帰宅する時に迎えてくれるシーンがよいものになるので、「つい頑張ってしまう」のだという。立面は内部の構成を反映して自然にできあがることが望ましいが、この家では1階と2階の空間構成が全く異なるため、内側から必要とされる開口部の位置やサイズは上下階でほとんど脈絡がなく、開口部のバランスを整えるのには苦労したという。

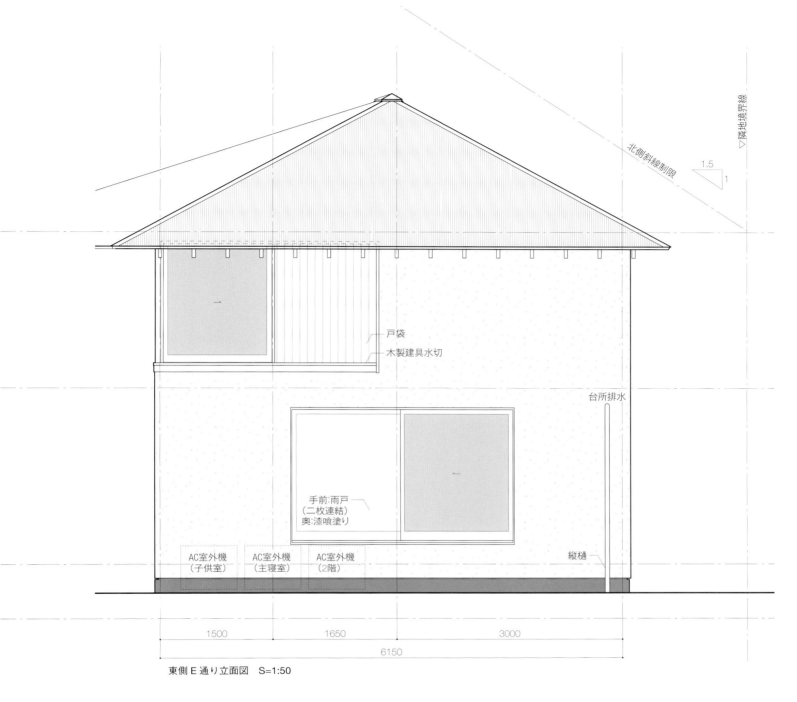

東側E通り立面図　S=1:50

凡例	
	ガルバリウム鋼板小波板 0.4t
	左官仕上
	RC打放し（パネコート）
	せっき質タイル
	スギ（上小節）縁甲板貼 15t OS
	漆喰塗
	木製建具水切: ガルバリウム鋼板

木製建具の開口部

矩計図1 B・D通り

低く抑えた階高と天井高

「住宅の場合、階高は小さければ小さいほどよく、天井が低くすぎて失敗したことはない」という。その言葉どおり、階高・軒高は可能な限り低く抑えられている。1階の階高はぎりぎりまで絞った2430mm、天井高も居室で最小の2100mmである。軒桁の高さ（2FL + 2145）は、内庇の内法高さ（2FL + 1950、立った人や冷蔵庫が納まる寸法）で決まっている。階高が小さければ当然階段は短くなり、1階と2階の物理的・心理的な距離が縮まる。2階から1階のトイレへも行きやすく、2階の窓から見える庭の植栽も驚くほどに近くなる。

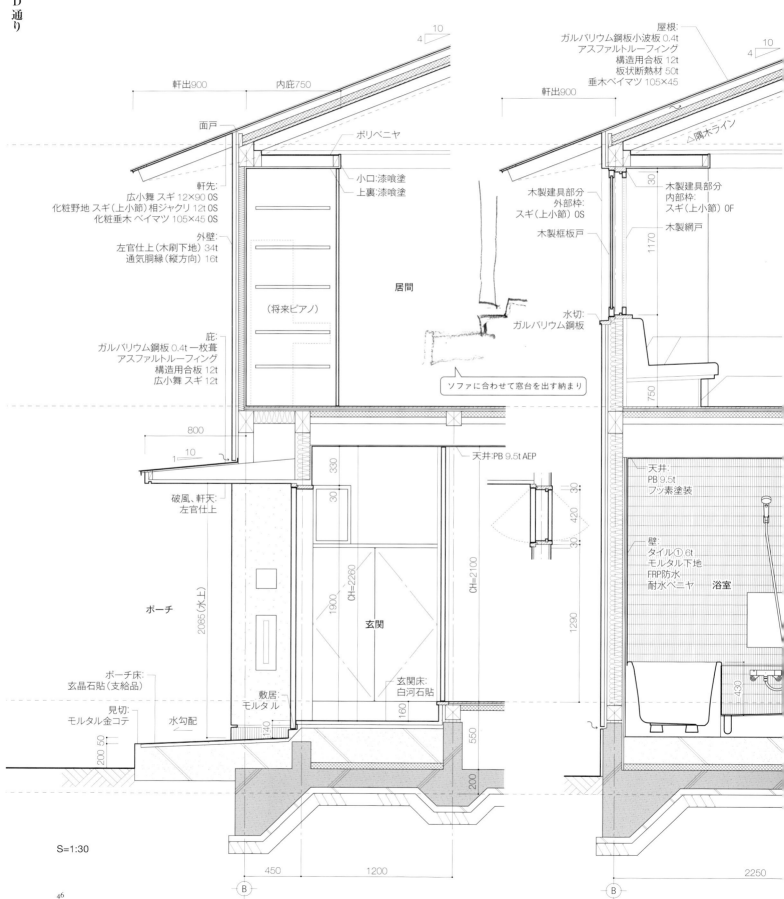

S=1:30

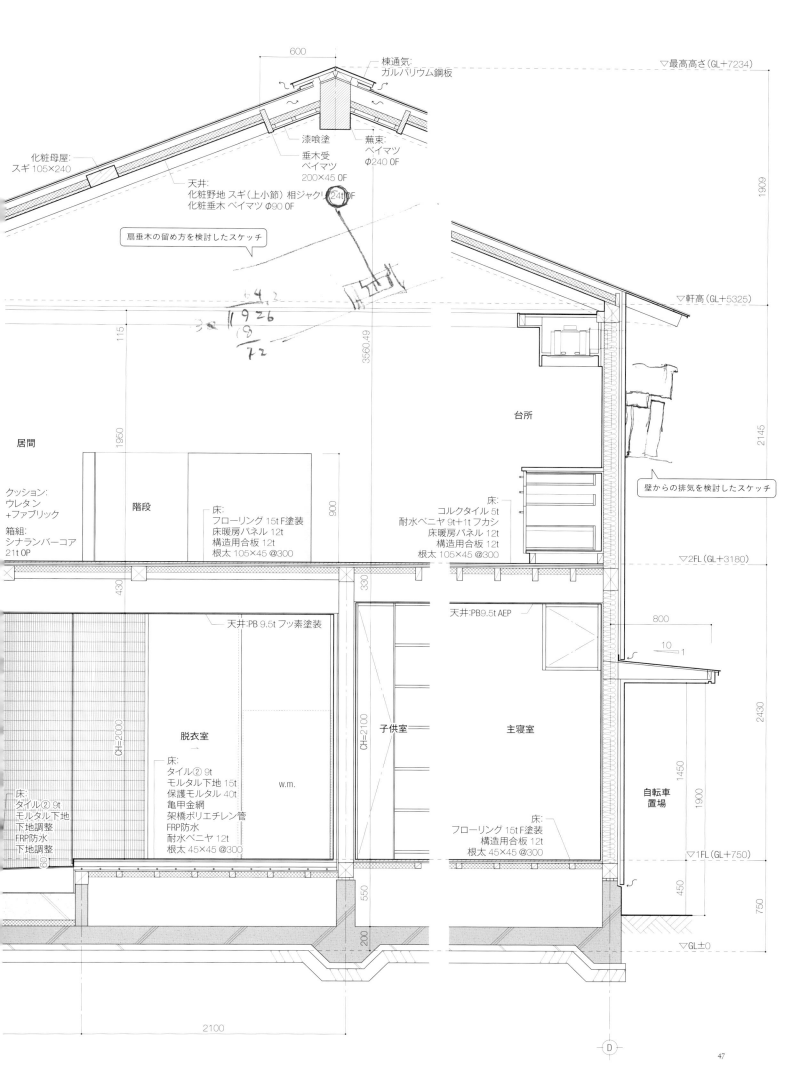

矩計図2 A・C・D・E通り

平面計画と連動する断面計画

このような高さを抑えた断面計画が無理なく成立し得るのは、2階にリビング、1階に個室や水廻りの小部屋群、という室構成による。1階がリビングでは、ここまで階高を下げることは難しい。この家の場合、2台分の駐車スペースや隣地の旗竿敷地のアプローチからの視線があり、1階があまり気持ちのよい空間にならないため、設計の早い段階で2階をリビングとすることが決まったという。

食堂の開口部は、床から450mmという高さで窓台が設定されている。腰を掛け外を眺めるのにほどよく、床に座れば肘も置きやすい、心地のよい高さ寸法である。1階床下は、メンテナンスの際に無理なく潜れるよう約500mm確保されている。

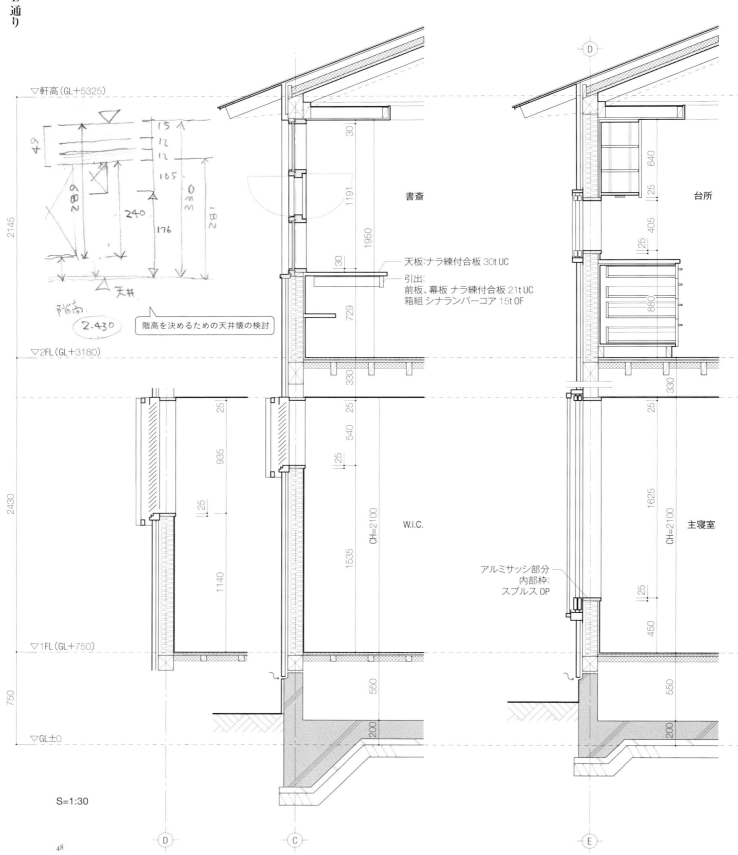

S=1:30

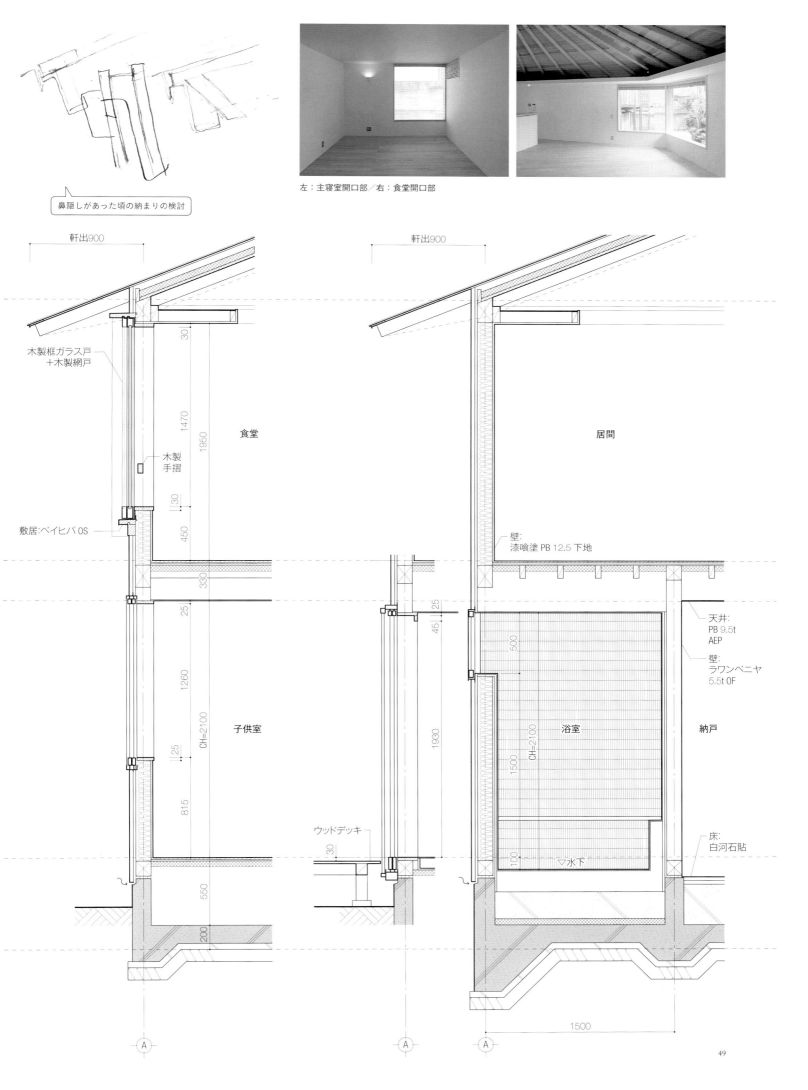

鼻隠しがあった頃の納まりの検討

左：主寝室開口部／右：食堂開口部

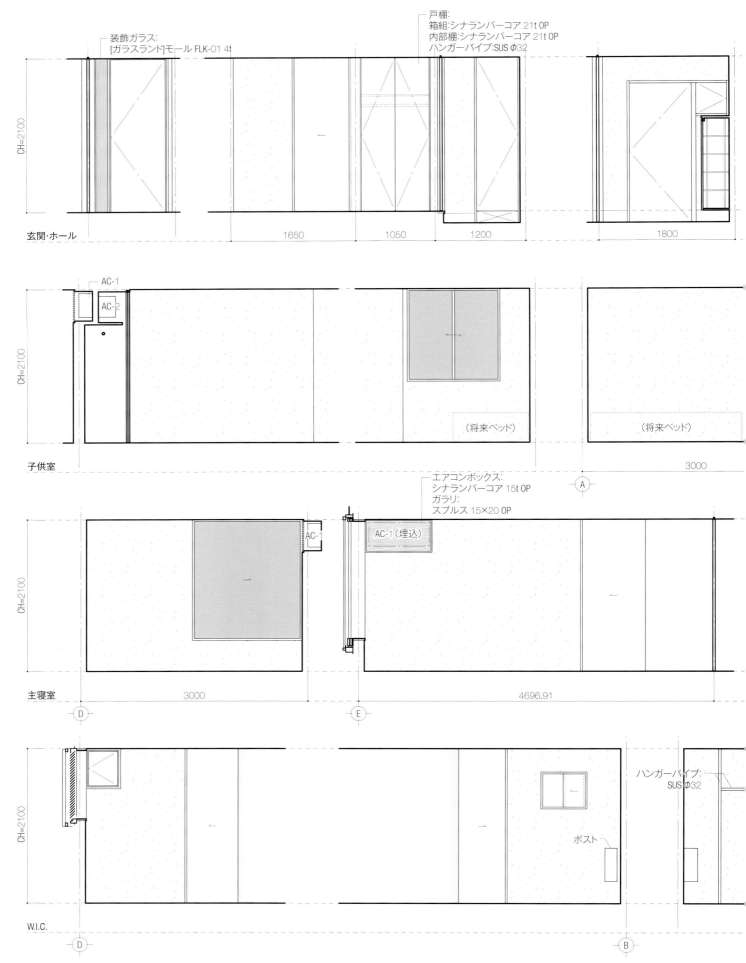

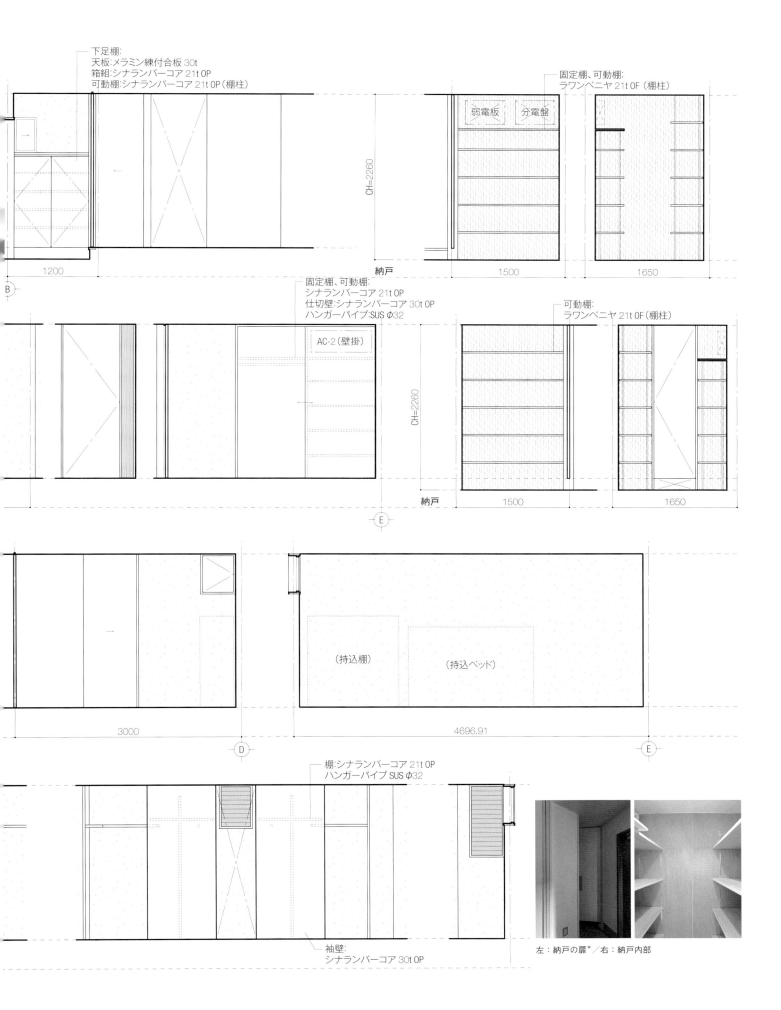

左：納戸の扉＊／右：納戸内部

展開図 2

2階居室・1階水廻り

1950

手摺:スギ OF

（持込サイドボード）

2階 A通り

2階 B通り

Ⓑ Ⓐ

戸棚:
可動棚:シナランバーコア 15t OP（棚柱）
仕切板:シナランバーコア 30t OP

エアコンボックス:
シナランバーコア 21t OP
ガラリ:スプルス 15×20 OP

AC-3

1950

→

凍

ref.

ref.

2階 D通り

戸棚:
可動棚:シナランバーコア 21t OP（棚柱）
仕切:シナランバーコア 21t OP

2階 E通り

Ⓔ Ⓓ

CH=2100

タオル掛

シャワー
水栓一式

カガミ

浴室
リモコン

浴室

1500

1800

1500

1650

Ⓐ

Ⓑ Ⓐ

Ⓑ

幕板 OP

CH=2000

洗濯用
単水栓

w.m.

←

脱衣室

1500

1650

1500

S=1:50

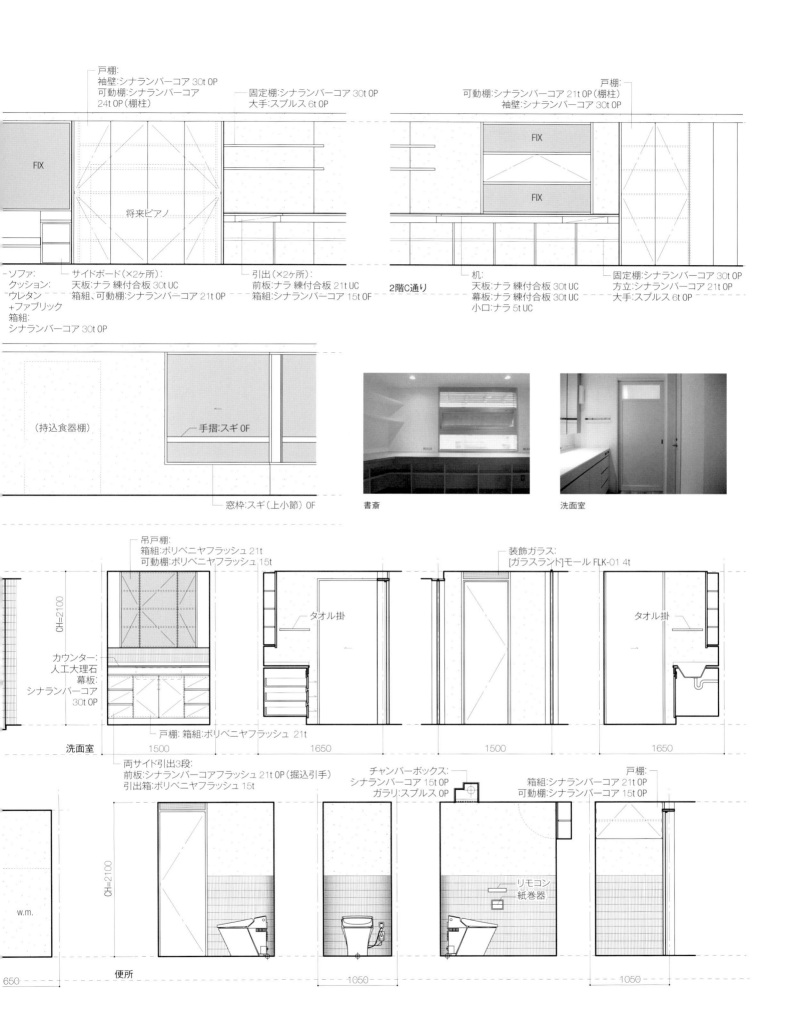

余白に備わる答えを探して

櫻井靖敏（櫻井造景舎）

　建物が五角形であることは、一見すると不可解でした。しかし、敷地との関係を考えると、自らの役割は装いをつくるのではなく、建物を内包するに至る余白の可能性をしつらえることと捉えたのです。

　そのことについて事前に堀部さんと具体的な協議をしたわけではありませんが、五角形の意図を感受し、導かれるように仕事ができました。矩形に近い敷地はもともと静的で、建物の形と配置はすでに動的な臨場感を形成しています。高低差の乏しい簡素な敷地の中で、できうる造成を施し起伏をつける。それだけで余白の可能性を十分に引き出すことができると思いました。実際に施工に入ると、建物と造成地形が呼応するような得も言われぬ感覚をもちました。それは間違いなく五角形に起因しており、余白を柔らかな表情に変化させました。憶測ですが、堀部さんには予めその狙いがあったように思います。

　それを顕著に表した一幕があります。2台分の駐車場を設けることは絶対条件でした。限られた敷地の中で、そのあり方について若干悩みましたが、既成概念を取り払うかのような建物によって、すでにきっかけはつくられていました。その提供された可能性を損なわないように整理すると、合理的なただの並列駐車ではなくなるどころか、樹木を配すに相応しい間が必然的に表れたのです。単純な因果ですが、それこそが五角形の妙なる効果であり、たとえ植栽においても作為は無用であることを確信しました。半ば興味本位で衝動的になりがちな樹を植える行為も、建物と呼応する地形や浮かび上がる間を踏まえると、あらゆる自然現象を見える形にする手段として、能動的に秩序立てられます。それを堀部さんの狙いと勘ぐりながら、余白を環境として性格づける局面に迫りました。五角形によってつくられていた環境を具現化する作業を、まるで答え探しのように楽しみながら堪能しました。

　環境というには大袈裟であるものの、心がけたのはただ整えるように諸条件を繋ぎ合わせることです。"つくらずにつくる"と言うべきか、つくる必要のないほど、備えられた原因を見つけるだけで事足りる仕事は、自らの役割の再確認であり、その本質の発見だったように感じます。

　それが五角形の小さな家に教えられた大きな価値であるのは、言うまでもありません。

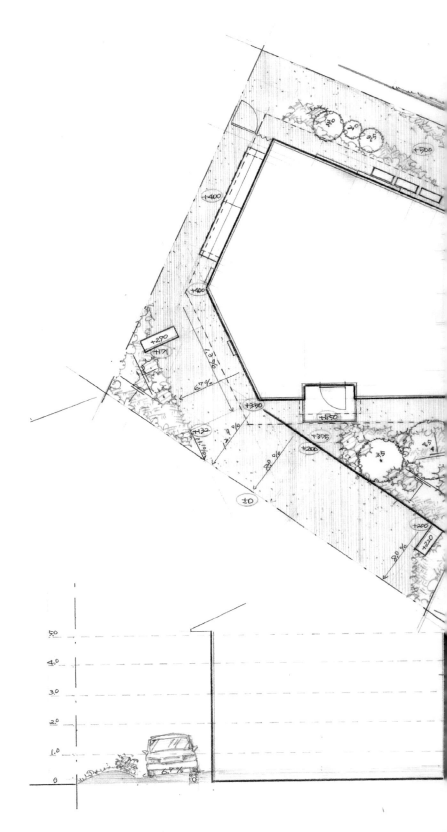

造園プランと断面計画、イメージパース

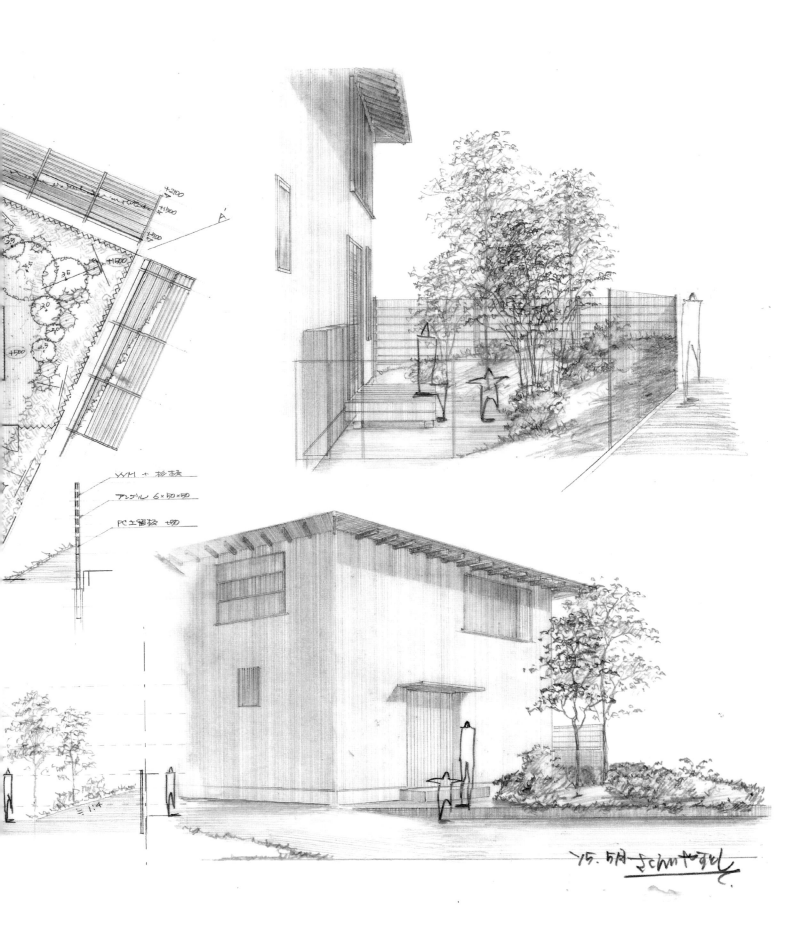

仕上表

奇をてらわない素材の選択

空間の純度を高めるため、素材や仕上げの種類はいつも必要最小限にするよう心がけるという。様々な仕上げが混在すると施工上のミスも起きやすい。特殊な素材や仕上げではなく、なるべく普通のものを使って最大限にその空間を引き立てる、というのが基本的な考え方である。

屋根：
ガルバリウム鋼板小波板

外壁：
リシン掻き落し

天井（化粧野地板）：
スギ（上小節）

内装（水廻り）：
モザイクタイル

外部仕上表

屋根	ガルバリウム鋼板 0.4t 小波板 アスファルトルーフィング 構造用合板 12t スタイロフォーム 50t 化粧野地板 スギ(上小節) 相ジャクリ 12t OS 化粧垂木 ベイマツ 105×45t OS	基礎	基礎立上り：コンクリート打放し(バネコート) 基礎パッキン 防鼠材 耐圧スラブ 150t 捨てコンクリート 50t 防湿ポリエチレンシート 0.1t以上 砕石 100t	ポーチ	ポスト：[TOEX]フラット縦型 ポスト 前入れ後出し ナチュラルシルバーF ドアホン 表札＋ドアホンカバー： ステンレス 3t 床：玄晶石貼(支給品)150角 6t
外壁	左官仕上 木ズリ下地 13t 通気胴縁 16t 透湿防水シート 土台水切 ガルバリウム鋼板	軒先	広小舞：スギ(上小節) OS 唐草：ガルバリウム鋼板	中庭	デッキ、幕板：セランガンバツ w=90 20t OS(リブ状) 大引：セランガンバツ 90×90 OS 束立：セランガンバツ 90×90 OS 束石：PC 150角
		断熱材	屋根、床下：スタイロフォーム 50t 外壁：グラスウール100t		
樋	軒樋：ガルバリウム鋼板 [タニタ]スタンダード半丸 φ105 シルバー 縦樋：ガルバリウム鋼板	通気部材	棟換気：ガルバリウム鋼板 外壁通気入口：防虫網		
開口部	アルミサッシ [TOSTEM]デュオPG、 [三和]明治ジャロジー 木製建具 敷居水切 ガルバリウム鋼板	冷暖房	エアコン：主寝室、子供室、台所 温水式床暖房：2階、脱衣室		
庇	屋根面：ガルバリウム鋼板 0.4t 1枚葺き 寄棟 破風、軒裏：左官仕上 水切目地	その他設備	上水、下水、都市ガス テレビ、電話、インターネット		

内部仕上表

階数	室名	床	巾木	壁	天井	造作・家具	付属機器
1階	玄関	白河石貼 30t 300×600(水磨き)	―	壁①	天井①	下足棚、上框	照明
	納戸	同上	―	壁②	同上	棚	照明、分電盤、弱電盤
	ホール	床①	―	壁①	同上	戸棚、ハンガーパイプ	照明
	主寝室	同上	―	同上	同上	エアコンガラリ	照明、埋込型エアコン
	子供室	同上	―	同上	同上	棚、ハンガーパイプ、天井点検口	照明、壁掛型エアコン
	W.I.C.	同上	―	同上	同上	棚、ハンガーパイプ、床下点検口	照明
	洗面室	同上	―	タイル① 一部壁①	同上	吊戸棚、耐食カガミ、洗面台	照明、洗面器、洗面カウンター、タオル掛
	便所	同上	―	同上	同上	戸棚、換気扇ガラリ	照明、便器、紙巻器、換気扇
	脱衣室	タイル②	―	同上	天井②	棚、ハンガーパイプ	照明、洗濯水栓、洗濯排水、換気扇
	浴室	同上	―	タイル①	同上	―	照明、浴槽、シャワー水栓一式、排水目皿、タオル掛、浴室乾燥機、カガミ
2階	居間	床①	―	壁①	天井③	ソファ、サイドボード、戸棚	照明
	食堂	同上	―	同上	同上	―	照明
	書斎	同上	―	同上	同上	造付机、本棚、戸棚	照明
	台所	床②	―	壁① 一部ステンレス貼	同上	シンク台、ガス台、レンジフード、引出、吊戸棚、戸棚、エアコンガラリ	照明、混合水栓、ガスコンロ、換気扇
階段		支柱：STK400 φ76.3 OP 段板受：スチールプレート 4.5t リブ：スチールプレート 9t 段板：タモ練付合板 大手無垢 5t	スチール 9t(R面)OP	スチール OP	手摺：スチール丸鋼 φ22 籐巻き 一部OP 手摺子：スチール丸鋼 φ9	照明

凡例

□仕上材
床①：クルミフローリング 15t F塗装
　　[コボット]FW1321-S

床②：コルクタイル 5t
　　[東亜コルク]AW-ML5

壁①：漆喰塗 PB12.5下地

壁②：ラワンベニヤ 5.5t OF

左官仕上：リシン掻き落し

天井①：AEP塗装 PB9.5下地

天井②：フッ素塗装 PB9.5下地

天井③：内庇 漆喰塗 PB9.5t下地
　　　化粧垂木 ベイマツ φ90 OF
　　　化粧野地 スギ(上小節) 24t 相ジャクリ OF
　　　垂木受 ベイマツ 200×40t OF
　　　蕪束 ベイマツ φ240 OF
　　　一部漆喰塗 PB9.5t下地

タイル①：モザイクタイル
　　　[INAX]インテリアモザイク 窯変ボーダー
　　　IM-1015P1/YB1 100×15 6t

タイル②：サーモタイル
　　　[INAX]サーモタイルピュアフロアⅡ
　　　IFT-150/PU-31N 150×150 9t

□造作材（特記なき限り）
内部建具枠：米栂同等品（OP塗つぶし材）

外部建具枠：アルミサッシ部分
　　　　　米栂同等品（OP塗つぶし材）
　　　　　木製建具部分 スギ(上小節)OF

上框、敷居：クルミ OF

□塗装
OS：[日本オスモ]
　　ウッドステインプロテクタークリアプラス

OP：オイルペイント（ホワイト CN-90）

AEP：アクリルエマルジョンペイント
　　　（ホワイト N-90）

OF：[日本オスモ]エキストラクリアー
　　　（つや消）1回塗

UC：ウレタンクリアー
　　2液型 3分つや

F（フローリング）塗装：[日本オスモ]
　　フロアクリアーラピッド
　　（つや消）2回塗

特記事項

・木材はすべて乾燥材とする。
・材料のメーカー指定品については設計者と協議の上、同等品に変更は可能とする。
・内装材の仕上材（積層材、ボード、塗料）は、ホルムアルデヒド発散建材第4種を使用し、その他建材は第1、2種を使用禁止とする。

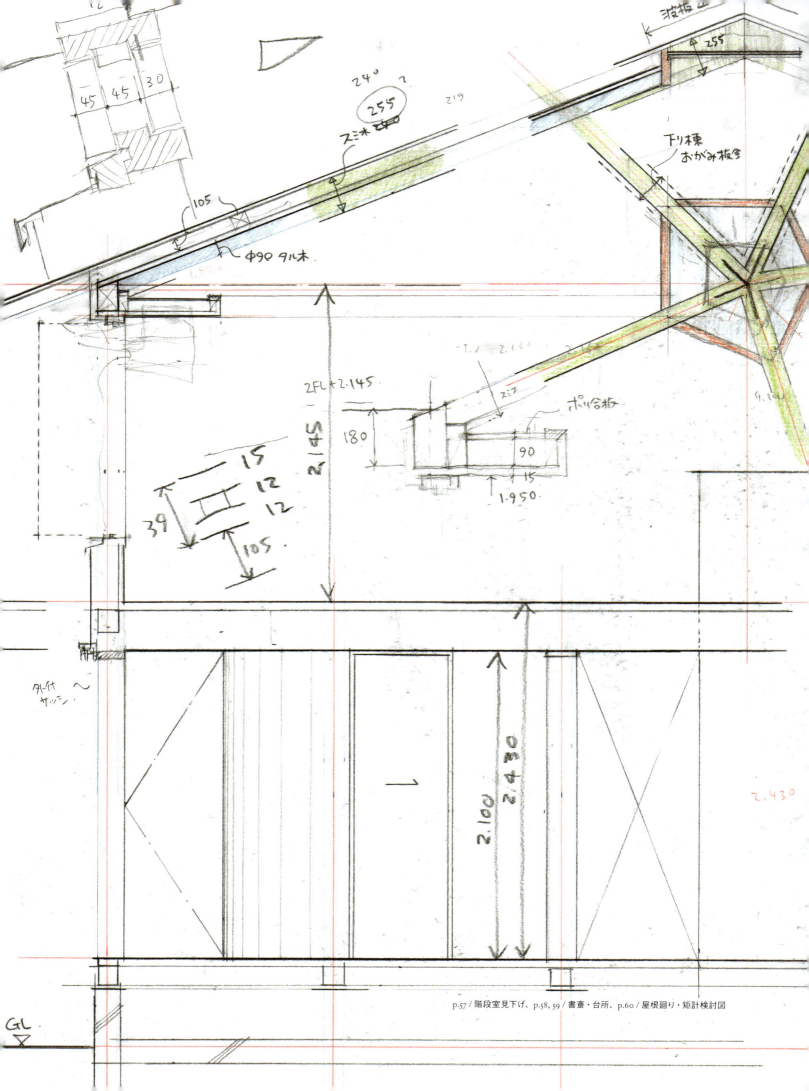

p.57 / 階段室見下げ、p.58, 59 / 書斎・台所、p.60 / 屋根廻り・矩計検討図

chapter 2

実施設計　構造図・設備図

過不足のない構造美

　それまでは自分の手の中に収まっていたものが、自分から抜け出し、他者の中へも入ってゆく瞬間を目の当たりするのが、構造設計者との初めての打ち合わせの時です。

　基本設計のアイディアを孤独なステージで取り組んでいると、自分だけでは解決できない問題に数多く出会うことになります。そのことに気づくためにも孤独なステージは大切なのですが、自分のアイディアがしっかりと現実に着地できているのかどうかは自分だけでは判断ができず、構造設計者の大きな力を借りてゆくことになります。構造設計者と打ち合わせをしていると、自分の考えたアイディアが稚拙であったと感じる時もあるし、自分が思いもよらなかった可能性がそのアイディアの中に眠っていたことが明るみになり、構造と意匠が化学反応を起こして大きな展開を見ることもあります。

　当たり前のことですが、建築構造の一番の目的は住まいに安心と信頼を与えることです。しかしそのことを前提としながらも、鈍重にならず軽快な構造美というものを追求したいとも思います。安定感を求めるあまり構造が過剰になり、コストが必要以上にかかったり、生活に閉塞感や圧迫感を与えてはいけません。まさに過不足のない"バランス"を探るのが建築構造の醍醐味と言っていいでしょう。

（堀部安嗣）

基礎断面詳細図・伏図

床下に潜れる基礎

　基礎の立上り幅は150mm、D-13の鉄筋を多めに配している。基礎の立上りは耐圧スラブから300mm以上は確保して、床下に無理なく潜れ、メンテナンスが容易となるよう配慮されている。今回の住宅では、中心に位置するスチール製の階段室を、300mm厚ダブル配筋の耐圧スラブにアンカーボルトで固定している。基礎梁の下端が〈GL-100〉と〈GL-350〉の二種あるのは、敷地内で異なる地盤強度への対応である。

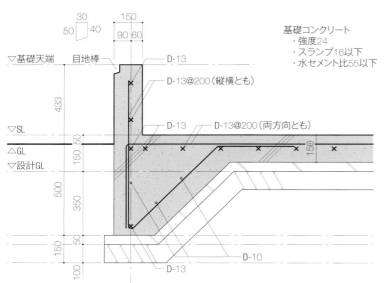

基礎断面詳細図A　S=1:20

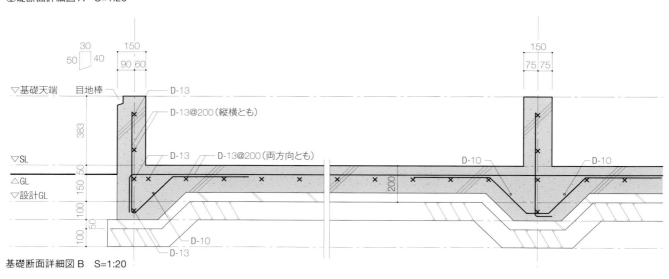

基礎断面詳細図B　S=1:20

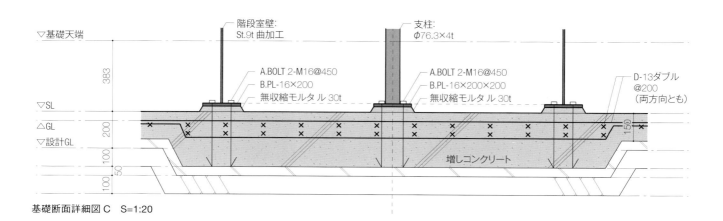

基礎断面詳細図C　S=1:20

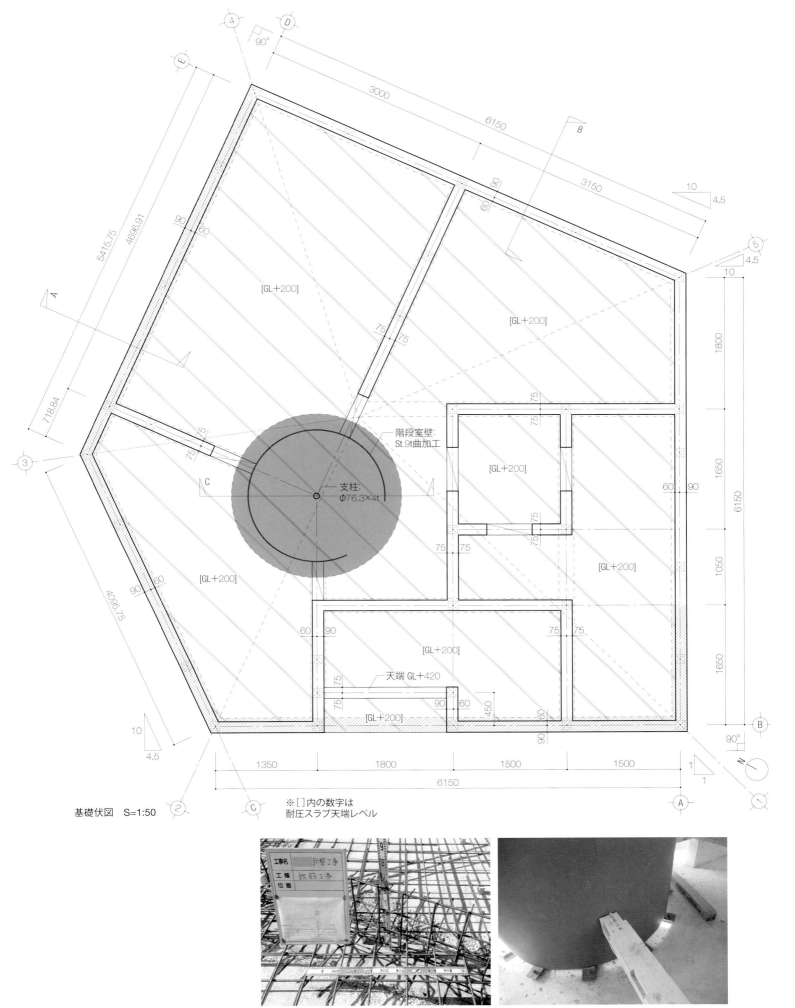

基礎伏図　S=1:50　　※[ ]内の数字は耐圧スラブ天端レベル

左：基礎断面詳細図 B の配筋／右：スチールの階段室はベースプレートに溶接して固定

床伏図

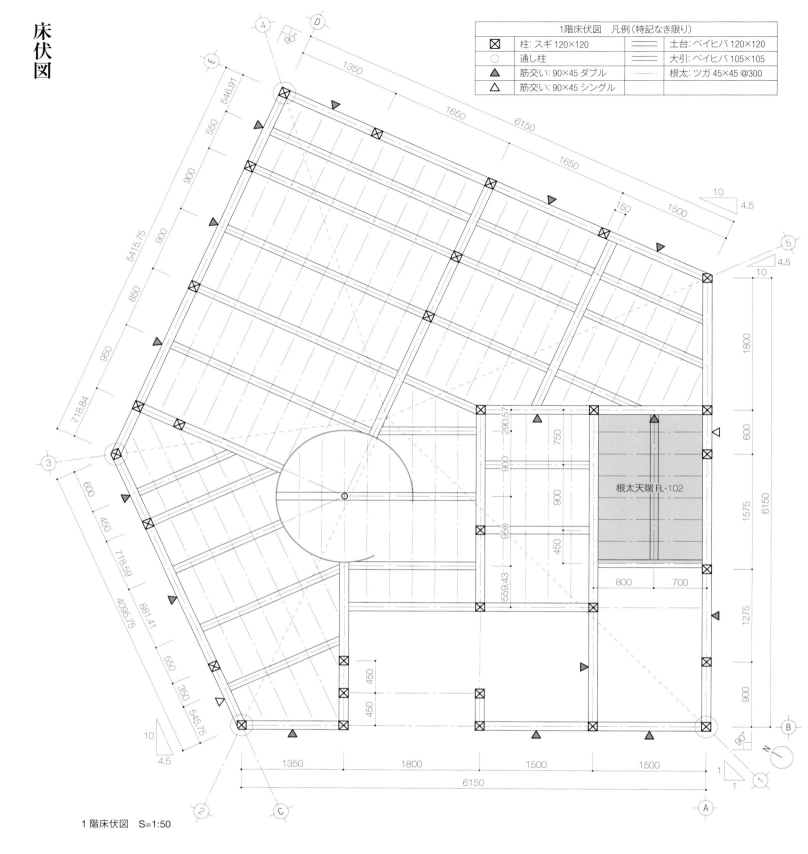

1階床伏図　S=1:50

多角形の骨組み

　柱は120mm角、梁幅も120mmが標準である。変則的な柱・梁のスパンと構造用合板の規格寸法との相性が悪いため、耐力壁には筋交いを採用している。柱位置は上下階のほぼすべてで一致しているが、2階の開口部周辺でやや不規則にそれる。上下階の性格の違いで生じる開口部の位置や大きさのずれを調整した結果である。

階高を無理なく抑える工夫

　床梁のスパンは最も広いところでも3000mmと短く、梁背は最大で240mmである。背の低い横架材で構成することで天井懐を小さくし、階高を無理なく抑えることを可能としている。スチール製の階段室との取り合い部では、外周の鉄板に溶接されたアングルで床梁を受けている。五角形の隅の柱は通し柱である。

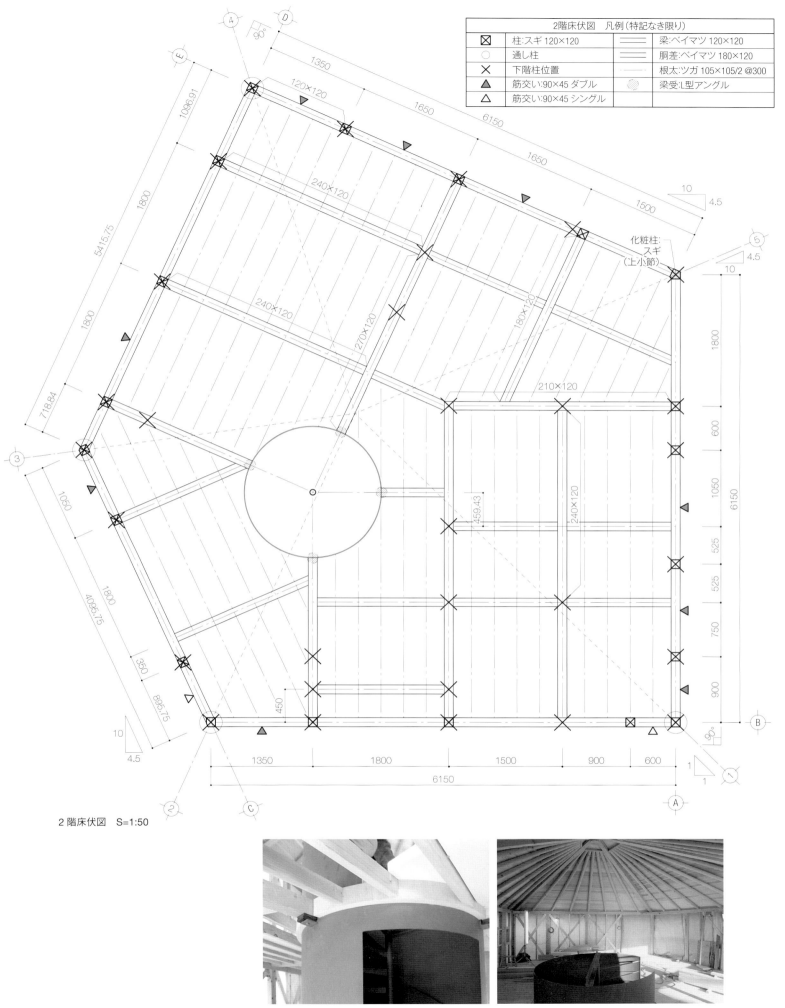

2階床伏図　S=1:50

左：スチールのR壁に溶接された床梁を受けるアングル／右：筋交いの入った2階E通りの壁面

小屋伏図

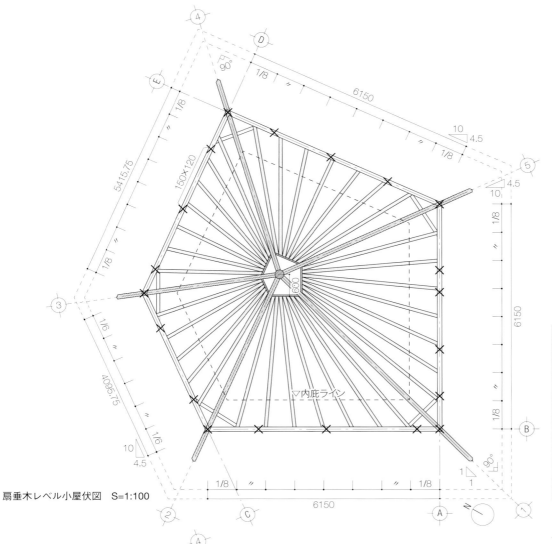

扇垂木レベル小屋伏図　S=1:100

扇垂木レベル小屋伏図 凡例（特記なき限り）	
×	下階柱位置
	軒桁：ベイマツ 180×120
●	蕪束：ベイマツ φ240
	火打
	扇垂木：ベイマツ φ90
	化粧隅木：ベイマツ 270×120
	垂木受：ベイマツ 200×45

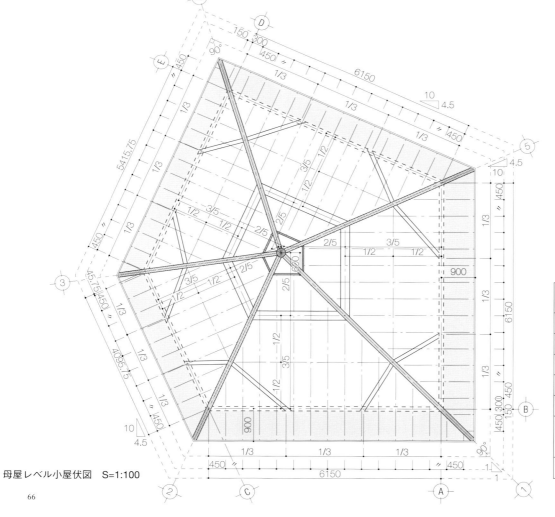

母屋レベル小屋伏図　S=1:100

母屋レベル小屋伏図 凡例（特記なき限り）	
	母屋：ベイマツ 105×240
	化粧隅木：ベイマツ 270×120
	垂木：ベイマツ 105×45 @450
●	蕪束：ベイマツ @240
	斜め母屋：ベイマツ 105×105
	化粧部分（隅木軒先は垂木の成までテーパー裁ち落とし）
	垂木受：ベイマツ 200×45

扇垂木の粗密が生むリズム

　この家の内部空間の性格を特徴づける小屋組である。φ90mmのベイマツ丸太の垂木が中央部の蕪束から放射状に広がる、唐傘を思わせる構造である。蕪束の位置は、直角となった二角を等分する隅木のライン（1通りと4通り）の交点により決定されている。この位置が図学的重心からややずれることで、この種の幾何学的形態が帯びる強い求心性がいなされ、空間に伸びやかな動きがもたらされている。外周の軒桁上にかかる垂木の間隔はほぼ等しいが、蕪束の偏心により垂木の密度は面ごとに変化する（p.40）。

　垂木が丸太となっているのは、強度を増し材径をなるべく小さくするためであり、また施工性を考慮したためである。不規則な多面体の屋根面を角材で形成するためには、一本一本の垂木の角度やねじれに応じた複雑な加工が必要となるが、円形断面の丸太はその点はシンプルである。

　五角形の隅にある火打ち梁は、構造計算上はなくてもよいものであるが、軸組建設中に軒桁を保持する役割を果たしているため、施工上有用な部材である。室内仕上げ後は内庇の中に隠れている。

　施工は、蕪束の下に仮設の柱を建てた状態で隅木や垂木を架け、小屋組の完成後に柱を外すという手順で進められた。

　蕪束の周囲には、隅木を繋ぐ形でこの家のプランの相似形となる小さな五角形が生まれている。中心付近で混み合う扇垂木を、隅木を繋ぐ「垂木受け」で留めているためである。結果生まれた小さな五角形は、当初トップライトとする構想もあったというが、この家の素朴な佇まいに反して屋根の象徴性が強くなりすぎるため、代わりに漆喰で塗り込められた。

軽快な構造美

　丸垂木のスパンは長いところで約4.5mあるため、垂木φ90mmでは強度がやや足りない。とはいえ、それ以上垂木を太くするとあまりに重々しい。そこで、隅木を五角形状に繋ぐ母屋を配し、そこから垂木を吊るという構造をとっている（p.69）。母屋の高さは105mmと野地板裏の断熱層に納まる薄さで、幅は室内から見える化粧野地板と合わせて240mm、下端の面も野地板と揃えている（p.82）。このような架構上の工夫により、室内側には扇垂木のみが空間を規定する要素としてあらわれるという、シンプルな構造表現となっている。

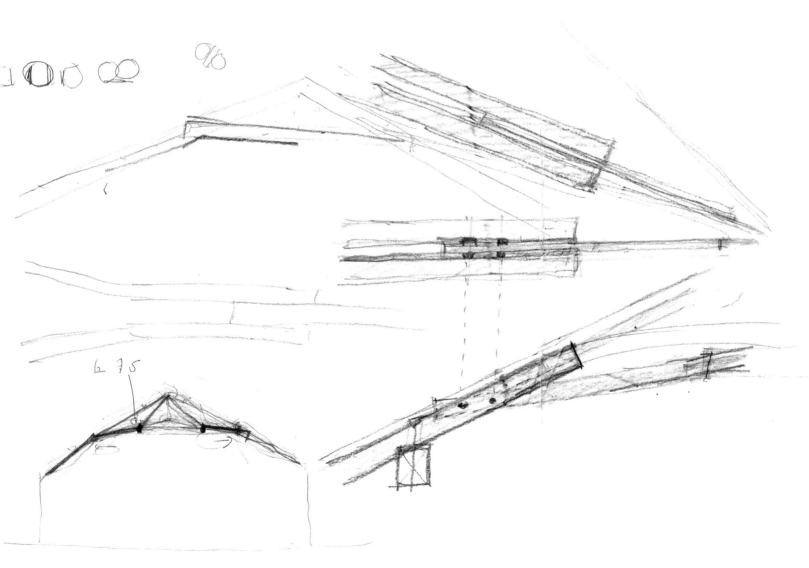

初期の屋根構造の検討スケッチ。トラス構造によって無柱空間を実現しようとしている

建築と構造の真実性

山田憲明（山田憲明構造設計事務所）

　堀部さんは、様々な物事の関係性（歴史、人、場所、素材など）を最も大切にし、これらの与件を綿密な論理構成と研ぎ澄まされた感性によって絶妙にバランスさせていく建築家で、それが堀部作品の本質になっている。だから、普段の構造打ち合わせでも、私に対して、単発の斬新さや面白さを決して求めていない。堀部さんとはかれこれ17年のお付き合いになるが、これまで積み上げてきたことを少しずつ改良・発展させることで建築や構造を醸成させていく姿勢は一貫して変わらない。堀部さんが整えようとしている建築のバランスを構造が崩してしまわないよう私自身も細心の注意を払うとともに、これまでお互いに共有してきたものを大切にしながら構造設計に取り組んでいる。

　これまで多くの堀部作品に協力させていただいているが、多角形平面・宝形屋根をもつ作品は、2004年に竣工した正六角形平面、対角方向スパン8.4mの無柱空間を有する〈府中の家〉が最初である。鉛直荷重時における6本の隅木の開きを、外周の軒桁で引張リングに利用して抑えるという、一種の立体トラスの仕組みを用いた構造になっている。屋根の構造材がすべて化粧あらわしになるため、6本集まる屋根頂部には蕪束を用い、隅木・軒桁・柱が様々な角度で交わる隅部は仕口を工夫した「嵌合接合（かんごう）」によって応力を木材同士で直接伝達させ、製作金物に頼らないシンプルな接合を実現している。この仕組みやディテールは、その後の多角形平面・宝形屋根における構造の原型となっている。

　無論、本作〈小さな五角形の家〉も、過去に積み上げてきた多角形平面・宝形屋根をもつ作品群の延長上にある。ただ、これまでと大きく異なるのは、敷地形状に合わせた変則五角形プランとし、頂点位置を偏心させて無柱空間をつくるところだ。さらに堀部さんは、市場に流通しているベイマツの小径円形断面材を放射状に配した扇垂木を化粧としてあらわすことも考えていた。不整形プランによって生まれる「動」と「静」のあるスペースと、それを覆う垂木のピッチの粗密が呼応することを求めたからである。これらのことから、2013年の年末に行った本プロジェクトの初打ち合わせでは、変則多角形プランや頂点の偏心があるとバランスがとりにくいといった力学的な課題や、小径の扇垂木の活かし方などの構造の方向性について話し合った後、一度持ち帰って構造を検討することとなった。

　数日後、まず堀部さんにメールで提案したのは、化粧の扇垂木と野物の横垂木によって屋根の荷重を2方向に流し、大半の荷重を負担することになる隅木をトラスにする案（図1、図2）で、上述の課題を端的に解決しようとしたものである。この案を見た堀部さんから早速電話があり、扇垂木の構造的役割がやや弱いことと、隅木のトラスが空間の均質さを失わせるのではないかとの懸念を示された。今度は年明けに堀部さんから、断熱層のスペースを構造に使えないかといった旨のファックスが届いた（図3）。そこで、断熱層を活かして隅木の梁せいを確保してトラスをなくすことと、スパンが大きくなる隅棟付近の扇垂木を支えるために最低限の野母屋を入れて上から吊るという二つの改良を加えた案をメールで送り、これをもって合意に至った（図4）。以上のやりとりからは、厳しい与件がある中でも建築と構造双方の真実性のバランスを懸命にとろうとしている堀部さんの凛とした姿が浮かび上る。

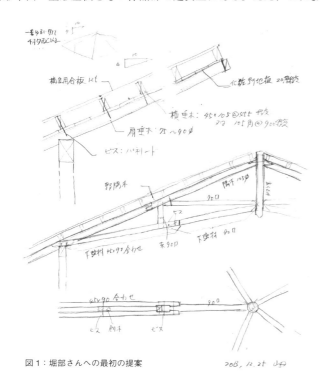

図1：堀部さんへの最初の提案

図2：初期案の構造ダイアグラム

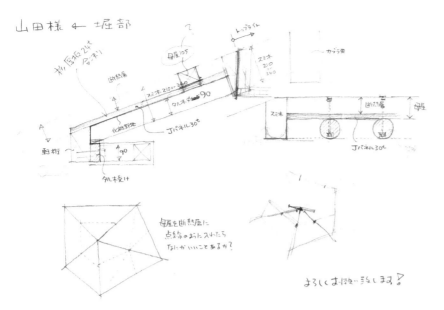

図3：堀部さんから届いた返信ファックス

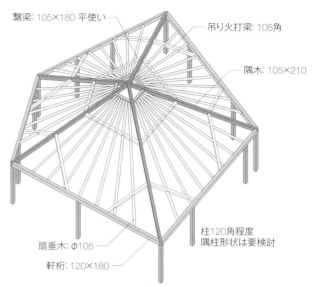

図4：最終案の構造ダイアグラム

繋梁: 105×180 平使い
吊り火打梁: 105角
隅木: 105×210
柱120角程度
隅柱形状は要検討
扇垂木: φ105
軒桁: 120×180

屋根勾配は最も緩い屋根面で4寸勾配を確保

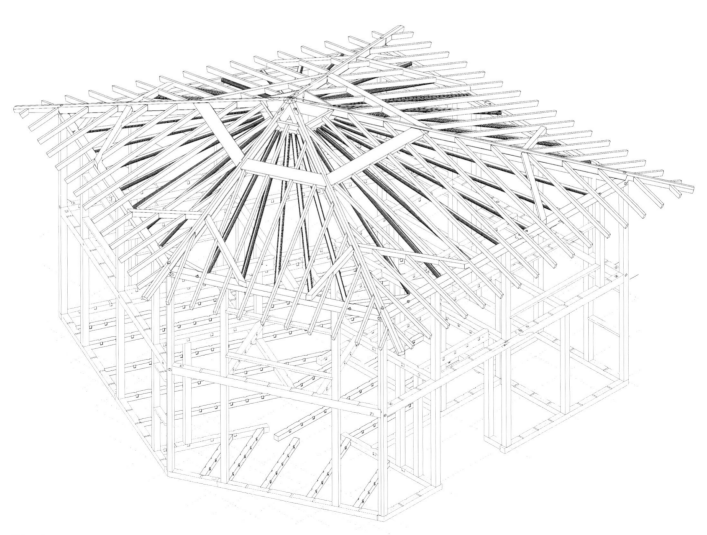

構造モデル

設備に寛容な"懐の深さ"

　現代生活の中で設備が担っている比重は大変大きいのですが、設備は建築の中で最も早く賞味期限が切れるところでもあります。配管にしろ、設備機器にしろ、建築の他の部分よりも寿命が短く、多くのトラブルを出すところです。

　さほど古くない建築が壊される時も、意匠や躯体はまだ大丈夫なのに設備が更新できず、今に対応できないといった理由が多いように思います。それほど設備のあり方は日進月歩で、予想ができず、計画当初に考えていたことがすぐ古くなってしまいます。大切なことは言うまでもなく、常に"更新可能"な仕組みを用意しておくということです。特にエアコン、洗濯機、食洗機、あるいは浴槽、便器、ボイラー、換気扇といった機器の寿命は10年と割り切った方がいいでしょう。10年経てば飛躍的に性能の良いものが出てきます。その"一生ものではない"部分と、"一生もの"の部分とをしっかりと認識して、計画に反映してゆくことが大切です。

　数百年前の古民家が生き残っています。移築などをしてたとえば蕎麦屋になっている姿を思い浮かべればいいでしょう。現代に対応して、今のインフラ、設備を無理なく入れられるのは、屋根裏や縁の下のような大きな懐があるからです。一方で近代、現代建築はその懐がないことが多く、最新の仕組みに対応できなくなっているのは皮肉なことです。

　文字通り"懐が深い"建築が求められているのかもしれません。

（堀部安嗣）

給排水空調設備図

配管類の整理と設備の選択

電柱のある西の一角に、引込み柱や各種メーター類がまとめて配置される。配管はなるべく建築の外で処理し、建物への出入りは、ガスと給水は浴室の南側部分、空調類は子供室の東側に集約されている。

2階は全面にガス温水式床暖房が敷設。キッチン排水は、防音処理され主寝室の天井懐を通過し外に出る。リモコンやインターホン子機などは、キッチンカウンター脇の壁に設けられたニッチに収められている（p.74 電気プロット展開図：2階E通り）。水栓・ガスコンロ・シンク・インターホン・エアコンなど、毎日よく触れ使うものは住宅の大切な要素だが、設備機器のデザインには時代ごとの流行がはっきりとあるため、流行りのデザインは避けスタンダードなものを選ぶという。

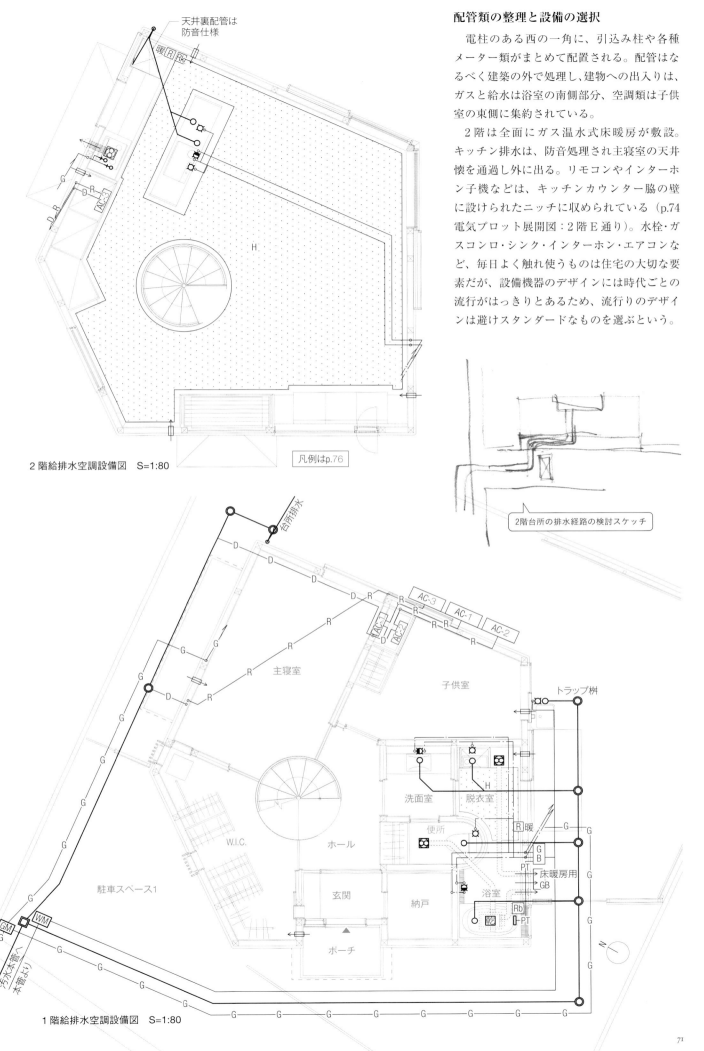

2階給排水空調設備図　S=1:80

2階台所の排水経路の検討スケッチ

1階給排水空調設備図　S=1:80

電気プロット図

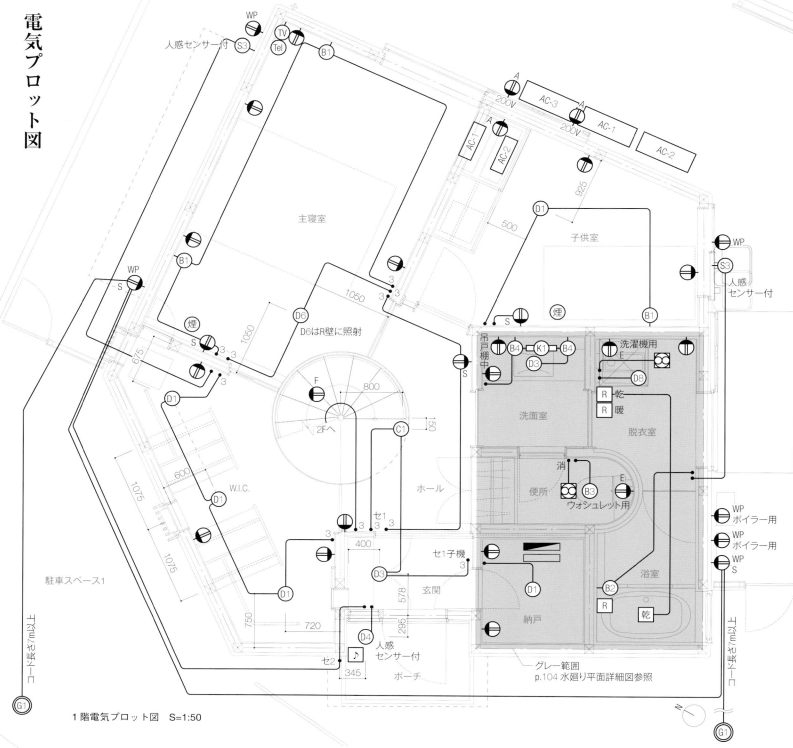

1階電気プロット図　S=1:50

照明器具リスト							
記号	種別 / メーカー・品番	カラー	記号	種別 / メーカー・品番	カラー	記号	種別 / メーカー・品番	カラー
C1	シーリングライト [エンドー] ERG5067W + RA606M	ホワイト	D7	ユニバーサルダウンライト [ダイコー] DOL-4432YS	シルバー	S2	スポットライト [ダイコー] DSL-3962YWE	ホワイト
D1	ダウンライト(SB型)拡散 [パナソニック] LGB72011LE1	ホワイト	D8	ダウンライト(防滴型) [ダイコー] DDL-102YW	ホワイト	S3	スポットライト(防雨型) FreePaセンサー付 [パナソニック] LGWC45030WK	ホワイト
D2	ダウンライト ピンホールタイプ [パナソニック] LGB71730LG1	ホワイト	B1	ブラケット(上向き取付) [パナソニック] LGB81561KLE1	ホワイト	S4	スポットライト [マックスレイ] MS10069-40	シルバー
D3	ダウンライト(SB型)集光 [パナソニック] LGB72021CLE1	ホワイト	B2	ブラケット(防湿防雨) [ヤマギワ] B3BF-33B4-10	乳白ガラス	K1	手元灯 タッチレススイッチ付 [アイリスオーヤマ] KT8N-TS	ホワイト
D4	軒下ダウンライト(人感照度センサー付) [パナソニック] XLGDC660KLE1	ホワイト	B3	ウォッシャーライト [パナソニック] HGA0110CE	ホワイト	G1	ガーデンライト(防雨型) [ダイコー] DOL-3768XB	黒サテン
D5	ユニバーサルダウンライト [パナソニック] LGB72224LV1	ホワイト	B4	ブラケットライト [ヤマギワ] B8251W	ガラスつや消	T	テープライト [ハーフェレ] LOOX LED 2013 833.73.331	ホワイト
D6	ウォールウォッシャーライト [パナソニック] LGB71735CLG1	ホワイト	X	スポットライト(調光可) [ダイコー] LZS-91299XB	ブラック		その他凡例はp.76	

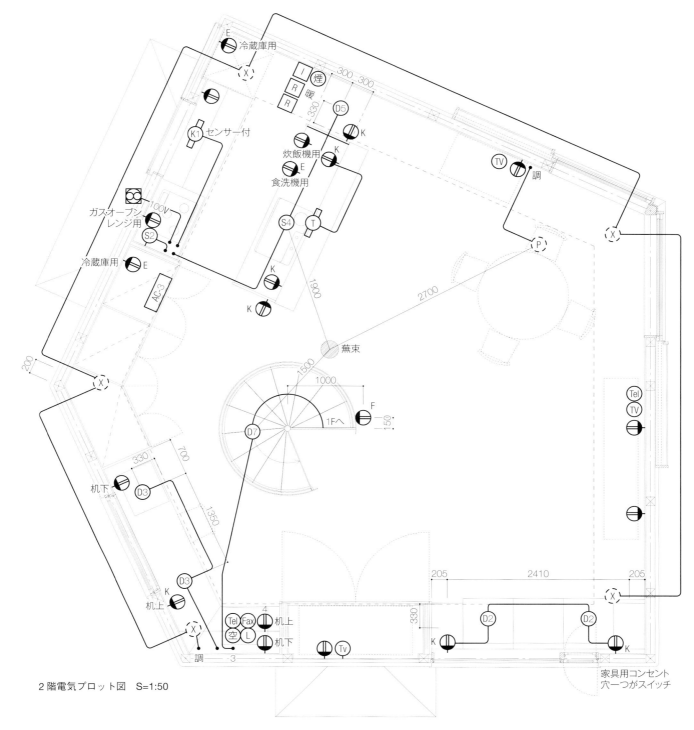

2階電気プロット図　S=1:50

陰影に富む照明計画

空間を一律に照らすシーリングは避け、陰影の生じやすいブラケットが多用されている。食堂や書斎など、行為に対応した照明を必要な場所に局所的に設け、必要がなければ他の部分は暗くてよいという、明暗のメリハリを重視した照明計画である。2階では、隅木のつけ根となる内庇の上部にアッパーライトが設置され、屋根架構を浮かび上がらせている。プラグインのフロアランプやスタンドを併用できるよう、個室にはスイッチと連動したコンセントが設けられている。

凡例					
●	2口用コンセント	●F	フロアコンセント：[パナソニック] DUS140PV シルバー	●3	3路スイッチ
●4	4口用コンセント	Tel	電話（CD管＋実線）	●調	調光スイッチ
●E	コンセント（アース付）	Fax	FAX（CD管＋実線）	●消	消し遅れスイッチ
●A	エアコン用コンセント	TV	テレビ（同軸ケーブル）	◢	分電盤
●WP	外部用防水コンセント：[パナソニック] WTK4602WK	L	LAN（CD管＋実線）	□	弱電盤（弱電はスター配線）
●K	家具用コンセント	空	CD管のみ	煙	煙式火災報知器：[パナソニック] SH38455×3
●S	スイッチコンセント	●	スイッチ	♪ I	親機/子機[パナソニック] VL-SWD301KL
●セ1	人感センサー	●セ2	人感センサー		

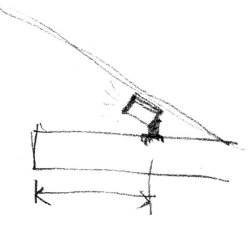

5本の隅木ラインに設置するスポットライトの位置の指示

電気プロット展開図

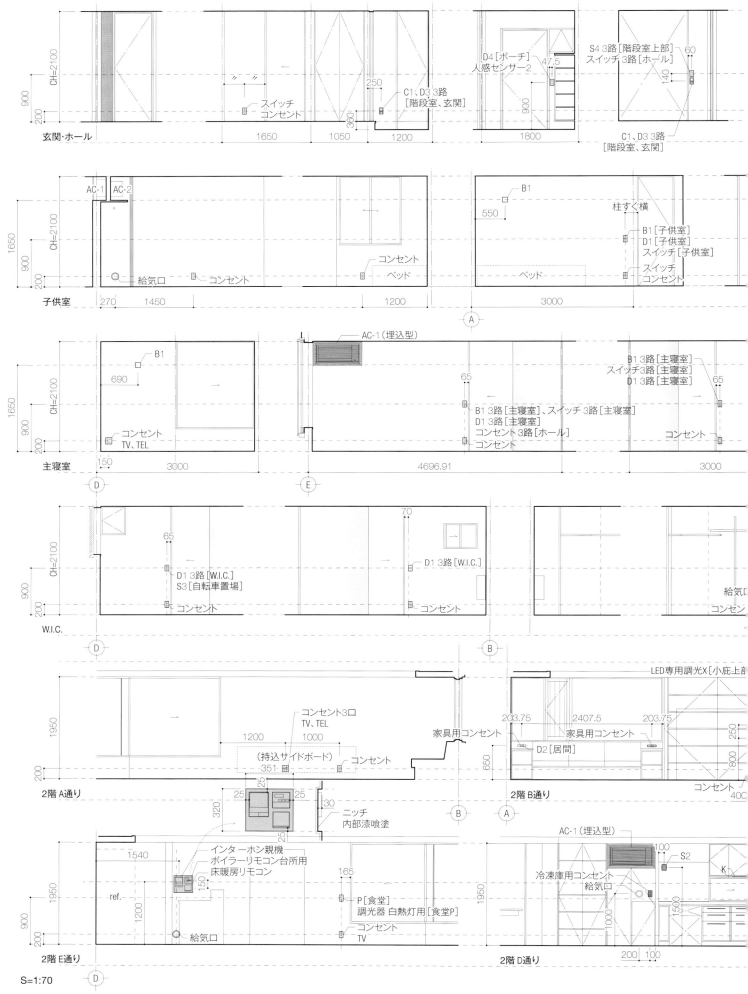

S=1:70

主寝室。直接光源が見えないよう計画されている

実用性を重視した選択

　スイッチやコンセントは無理に隠したり位置を揃えたりはせず、ドアの位置や開き勝手との関係を考えながら、迷わず直感的に操作できる場所に、実用本位で配置されている。1階は回遊プランのため三路スイッチが多いが、スイッチもできるだけ少ない箇所にまとめて配置することがのぞましい。コンセント類はなるべく目立たない場所にと考えがちであるが、実際に住み始めると、どこに付いていてもあまり気にならないものである。

　スイッチプレートはFL+900程度とやや低めに取り付けてドアノブの高さと揃え、ドアの開閉とスイッチ操作がスムーズに連続するよう配慮されている。空間の重心が下がり、天井高の低さが気にならなくなる効果もある。フラッシュプレートは、新金属2型のビス留めタイプが、最も古びにくい（プラスチックのように黄ばんだりしない）ものとして選ばれている。

高さを揃えたスイッチとドアの引き手

器具リスト

換気設備器具リスト

記号	種別・メーカー・品番	場所
乾	浴室乾燥機：[三菱]V-142BZ ホワイト	浴室
(天井扇)	天井扇：[三菱]VD-10ZC9 埋込穴□174×D184、ホワイト	脱衣室 便所
R乾	浴室乾燥機リモコン 標準タイプ	
(台所扇)	台所天井扇φ150：[三菱]VD-20ZP9 □380×H15+248（埋込□307）、ホワイト	台所
→	壁給気口φ100：[セイホー]VK100MS φ130×D5、ホワイト	主寝室 W.I.C. 子供室 台所×2 脱衣室 居間 納戸 書斎
(ベントキャップ)	ベントキャップ：[セイホー]SNU100S（台所はCFX150）アルミ	脱衣室 台所

ガス給湯器

GB	エコジョーズ、フルオート	[ノーリツ]24号
Rb	浴室用リモコン	[ノーリツ]RC-E9101 マルチセット
Rk	台所用リモコン	

エアコン器具リスト

AC-1	壁埋込式10畳：[ダイキン]S28NMV ※グリル無し 室内 W770 H322 D180 室外 W795+63 H595 D300+20	主寝室
AC-2	壁掛式6畳：[ダイキン]S22PTFXS-W 室内 W770 H283 D225 室外 W658+62 H550 D317	子供室
AC-3	壁埋込式14畳：[ダイキン]S40NMV ※グリル無し 室内 W770 H322 D180 室外 W795+63 H595 D300+20	台所

床暖房

H	2F部分：温水式床暖房パネル 脱衣室：温水式埋設床暖房
R暖	床暖房リモコン
床暖房用GB	床暖房用ボイラー

給排水・空調設備凡例

¤	単水栓	———	給水管：硬質塩化ビニル管
⌀	混合水栓	——I——	給湯管：ポリブデン管
○	排水口	——PT——	追い焚き管
⊶	ガス	——G——	ガス管
◎	排水枡	———	雨水・汚水排水管：硬質塩化ビニル管
·	縦樋	——R——	AC冷媒管
□	最終排水枡	——D——	ACドレン管

給排水設備器具リスト

	種別	メーカー	品番	備考
台所	混合水栓	グローエ	30016001	
	食器洗浄機	パナソニック	NP-45MD5W	ドア面材型
	ガスコンロ	ハーマン	C3WL3PWASKSV	シルバー、60cmタイプ
	ガスオーブンレンジ	ハーマン	DR514EST	ステンレス
	シンク排水	三栄	H6550	—
	浄水器	グローエ	20119000	
浴室	浴槽	INAX	ABN-1300（エプロンなし）	ホワイト／プッシュワンウェイ
	シャワー水栓一式	TOTO	TMGG40SEW	ヘッド：エアインクリック ホース：樹脂 ハンガー：ノーマル
	排水目皿	INAX	PBF-IM-60	
	タオル掛け	リラインス	R-2203-S	L=400
	カガミ	TOTO	YM3045F	—
洗面室	洗面カウンター	STARON	人工大理石 SP011	パール、3方立上り
	洗面器	ハードウェア	HB-500SD SP011	パール、オーバーフロー付
	混合水栓	ハンスグローエ	34017000	ポップアップ引き棒なし
	排水栓	ABC商会	ABH-K250	ヘアキャッチャーABH-HF1 トラップABT-P
	タオル掛	リラインス	R9103	L=400
便所	大便器	INAX	D-S414AS-R2	BW1／スマートリモコン
	紙巻器	リラインス	R3112-1	ワンタッチ仕様
脱衣室	洗濯用単水栓	TOTO	TW11R	—
	洗濯排水	TOTO	PJ2009NW	—
	洗濯機パン	快住研	フラット防水パン FP640	—
中庭	水栓柱	カクダイ	616-011	—
	単水栓	カクダイ	7042	双口水栓
	水栓柱用サドルバンド	カクダイ	625-601	ステンレス
	水栓パン	カクダイ	624-921	—

左：浴室／中：便所
右上：壁埋め込み式エアコン（2階）／右下：洗面室

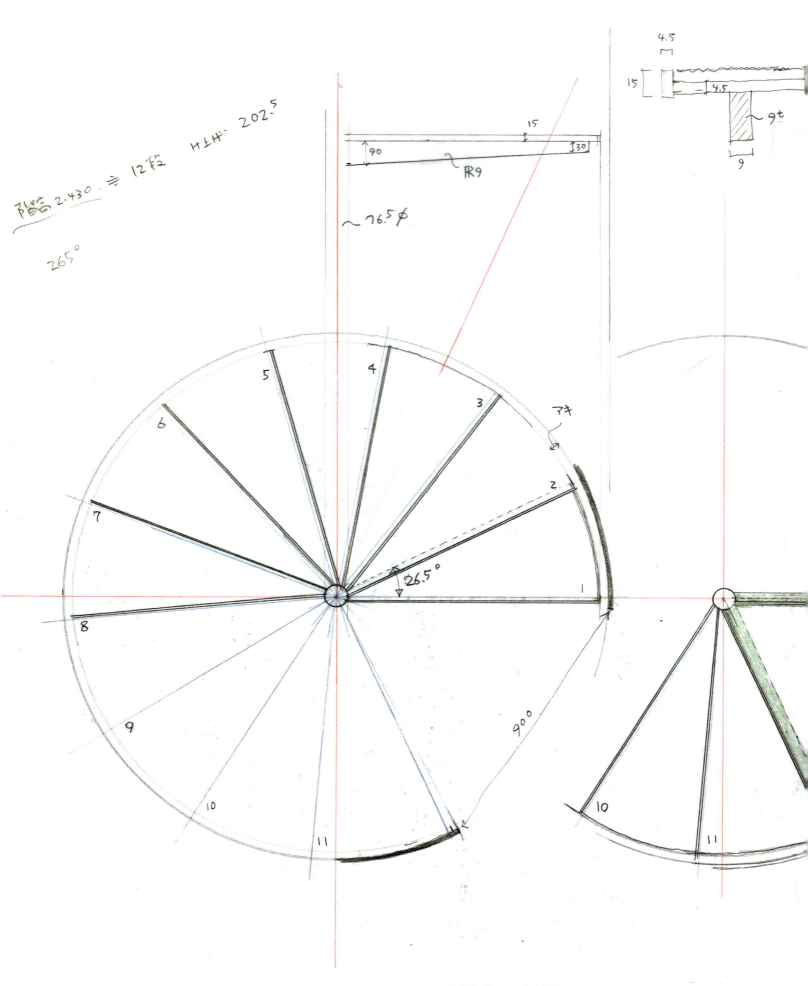

p.77 / 食堂開口部、p.78 / 書斎造作机、p.79 / ポーチ・小庇、p.80 / 階段検討図

chapter 3

施工図　大工・設備工事

プランを引き立たせる細部

　先に建築のプランは小説のストーリーのようなものだと言いました。となると建築構造は文体、文法と言えるでしょう。建築の各部屋、各スペースはさながら小説の登場人物であり、建築の材料、素材は小説に出てくる語彙の数々と言えるように思います。

　では納まりはと言えば、それは接続詞や形容詞に当たるのではないかと思います。ストーリーがないうちから接続詞や形容詞は存在しないのと同じように、プランができていない状態ではもちろんのこと、各スペースの役割や素材が決まっていない状態では、納まりは存在しません。

　ストーリーや登場人物をより魅力的に引き立たせる役割が納まりであり、全体の調和とバランスを繋いでゆく、目立たないけれどもとても大切な役割を担っています。

　この住宅は、特徴的な屋根の下のおおらかなスペースをもつ二階と、機能を凝縮したような一階と、はっきりと役割が分かれており、それぞれの性格に合わせてディテールのあり方を変えています。あたたかみのある二階の納まりに対して、一階はディテールの種類を抑えて"動き"が連続してゆくような目立たないディテールとしています。

　プランが魅力的でよく練られていれば、そのプランに呼応するように自然と納まりは導かれてゆく、そのような状態を理想としています。

（堀部安嗣）

屋根廻り詳細図

軽快な宝形を実現する取り合い

屋根の断面は、蕪束(かぶらづか)と五角形の頂点を結ぶ隅木の高さ270mmの内に収まっている。室内あらわしとなった丸太の扇垂木φ90mmの上に、スギの化粧野地板24mmを渡し、その上に軒先まで延びる平行垂木を流すという、二重垂木の構成である。平行垂木の高さ105mm分が、断熱および通気層である。隅木を繋ぎ扇垂木を吊る母屋は、通気を確保するため高さを抑え、室内側の見付け寸法は化粧野地板の幅と揃えられている。

軒先は、野地板の先端に唐草が廻るだけの極めてシンプルな納まりである。平行垂木の小口が濡れるのを避けるため、先端は軒先から75mm控えている。屋根の勾配が面ごとに異なるため、鼻隠しを設けると隅部での取り合いが難しくなるという問題を解決するためのディテールであるが、結果として、極限まで要素を減らしたプリミティブで軽快な軒先となっている。葺き材のガルバリウム鋼鈑小波板も、小口をそのまま見せてしまう飾り気のなさである。

室内の内庇の上面は拭き掃除がしやすいようポリベニヤで仕上げるなど、暮らしへの配慮も細やかだ。

情報を正確に伝える大きな図面

ここでは1/5スケールで一部を掲載しているが、原図は現場での図面を介した打ち合わせがしやすいよう、A2サイズの紙に縮尺1/3で描かれている。納まりを示す図面はなるべく大きく描き、断面図や平面図だけでは分かりにくい部材の立体的取り合いを示す図解などを添える。図解はなるべく関連した図面のすぐ隣に記載し、設計者・現場監督・職人が共有しやすいよう配慮されている。図面のわかりやすさ・見やすさを大切にすることが、誤解やミスを減らし、建築の質を上げていくことに繋がるからである。

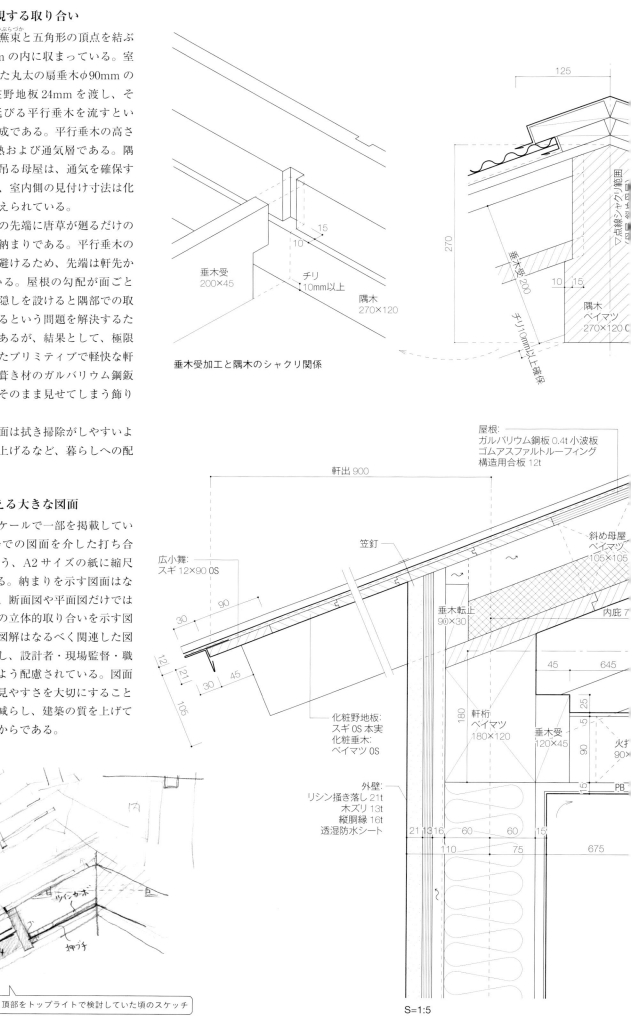

頂部をトップライトで検討していた頃のスケッチ

S=1:5

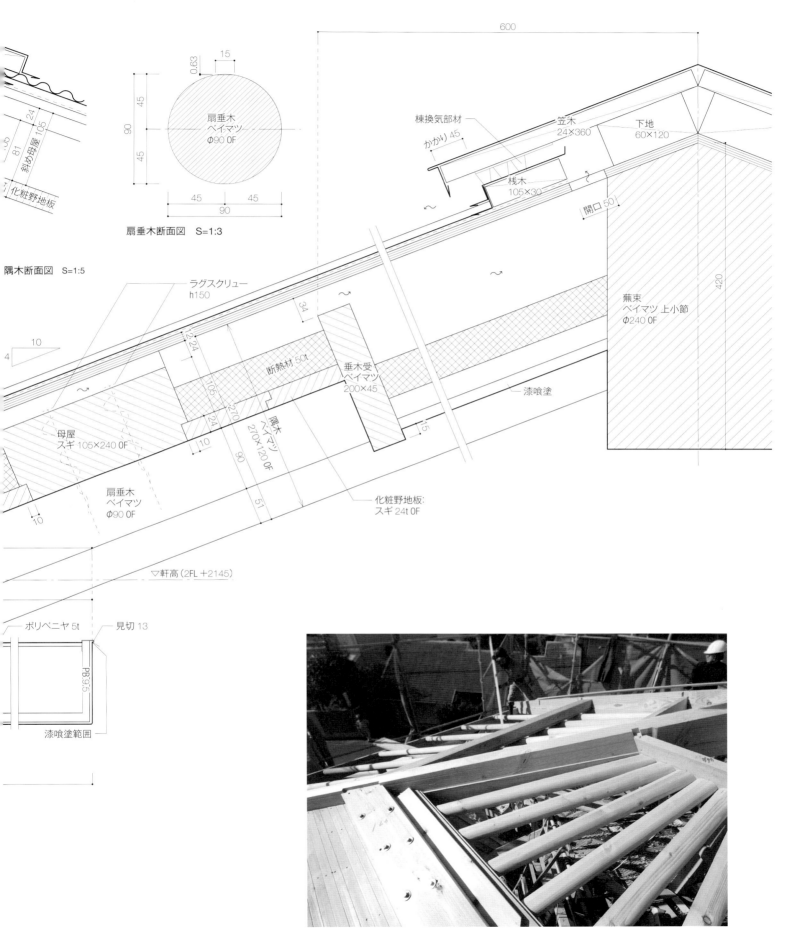

屋根架構を上部から見る

基礎廻り詳細図

地面と建物の接続の仕方

基礎と壁面を水平に分断してしまう通気水切り金物の使用を避け、壁内通気は、基礎立上りに段差をつけることで設けたスリットから確保している。段差部分には雨仕舞のため勾配が付いている。基礎立上りの巾木は、地面の土や左官の表情に近い、やや粗目のせっ器質タイルで仕上げられている。建築の足元の納まりは地面と建物の接続の仕方のデザインであり、ここでは地面と壁面とを滑らかに繋げることが意識されている。

室内の床組部分では、捨て貼りの構造用合板により床面が一体化するよう、土台・大引・根太の天端がすべて揃えられている。

24時間換気用の給気口は、外壁を貫通せずに壁内の通気層に接続している。外部に開口が生じずベントキャップも必要ないため、壁下端での給気量と防虫に注意すれば、雨仕舞と美観の両方に優れる納まりである。ただしキッチン用の給気口の場合は、より大きな給気量が必要なため、同じ納まりにはならない。

原図の縮尺は1/2、現場での説明のために描かれた詳細図である。

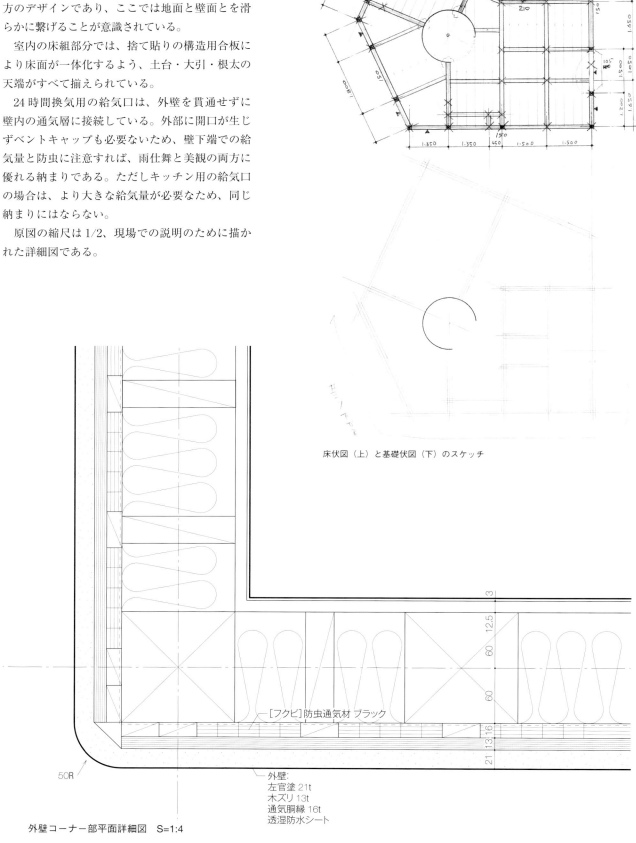

床伏図（上）と基礎伏図（下）のスケッチ

外壁コーナー部平面詳細図　S=1:4

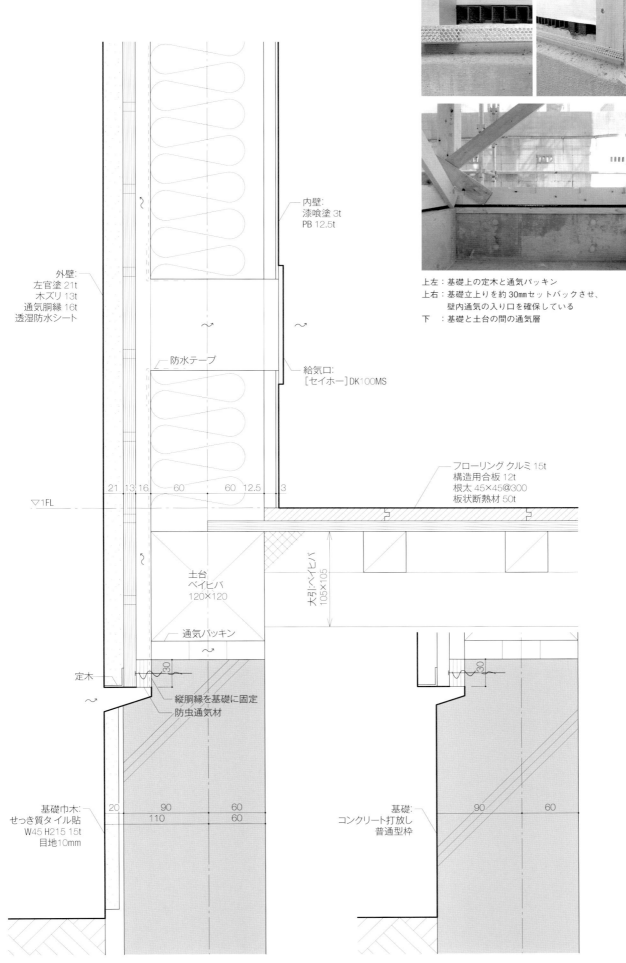

上左：基礎上の定木と通気パッキン
上右：基礎立上りを約30mmセットバックさせ、
　　　壁内通気の入り口を確保している
下　：基礎と土台の間の通気層

基礎廻り断面詳細図　S=1:4

内部枠廻り詳細図 1　平面図

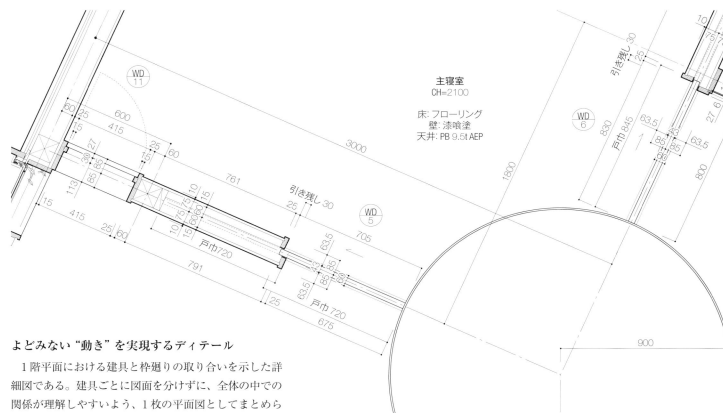

よどみない"動き"を実現するディテール

　1階平面における建具と枠廻りの取り合いを示した詳細図である。建具ごとに図面を分けずに、全体の中での関係が理解しやすいよう、1枚の平面図としてまとめられている。内部建具は基本的に片引きの引込み戸であり、子供室・便所・玄関収納のみ、片開き戸とスイングドアが用いられている。

　中央の円形階段室には戸当りを設けず、触れるのは引込み戸の戸先のみとして、階段室の独立性が明快に示される。円形の階段室に鴨居が当たると納まりが悪いため、すべて吊り戸として、レールは天井に埋込まれている。引込み戸の戸尻側の枠は、引き込んだ状態でも戸を掴みやすいよう、室内側の枠を30mm控えている。建具枠と漆喰仕上げの壁面の取り合い部分では、無理に寸法を細かくして綻びが生じることのないよう、見付け25mmの枠がしっかりと勝つ。引込み戸の枠廻りは、基本的に各所とも同じ納まりとして、家全体で建具の統一した操作感を得られるように配慮されている。

　玄関の上がり框部分には、風除用の引込み戸が設置されている。夏季の通風や開放性と冬季の断熱性を両立する、シンプルかつ有用な仕掛けである。

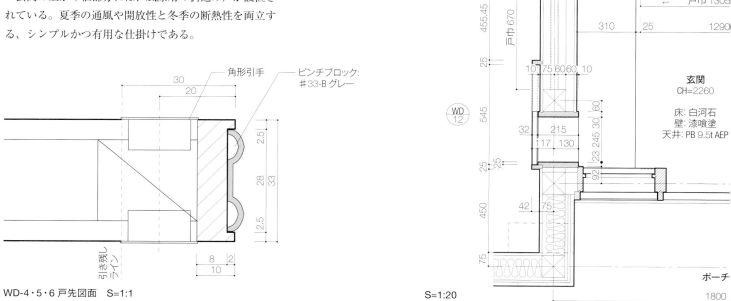

WD-4・5・6 戸先図面　S=1:1
階段室のR壁にぶつかる建具の戸先にはピンチブロックを取り付けている

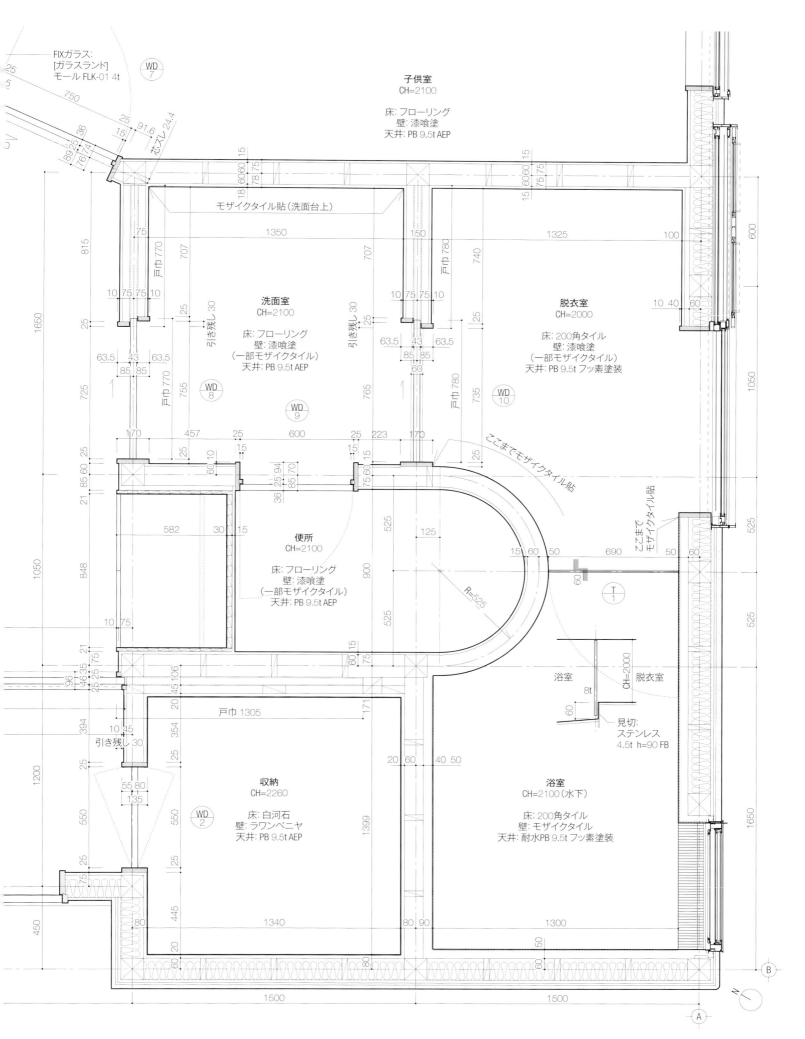

内部枠廻り詳細図 2　断面図

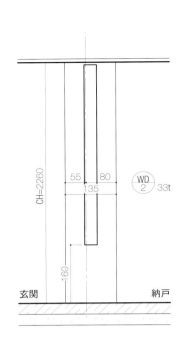
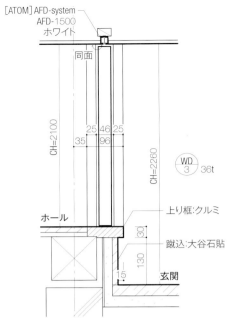

上　：主寝室よりウォークインクローゼットを見る
下左：室内側は枠を30mm控えている
下右：天井に埋め込まれた吊り戸のレール

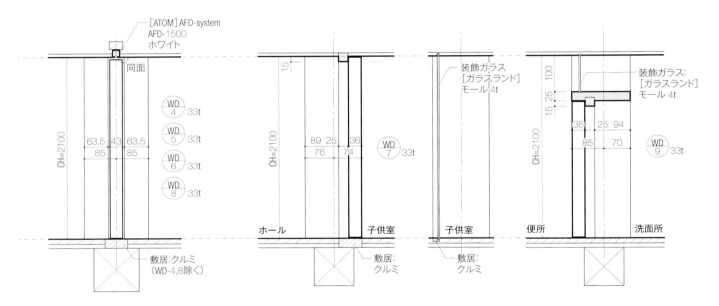
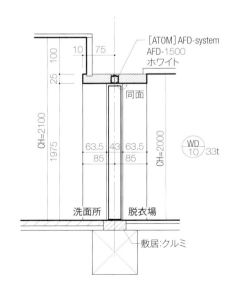
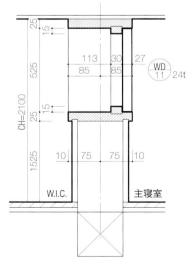
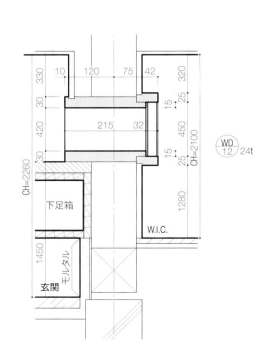

S=1:10

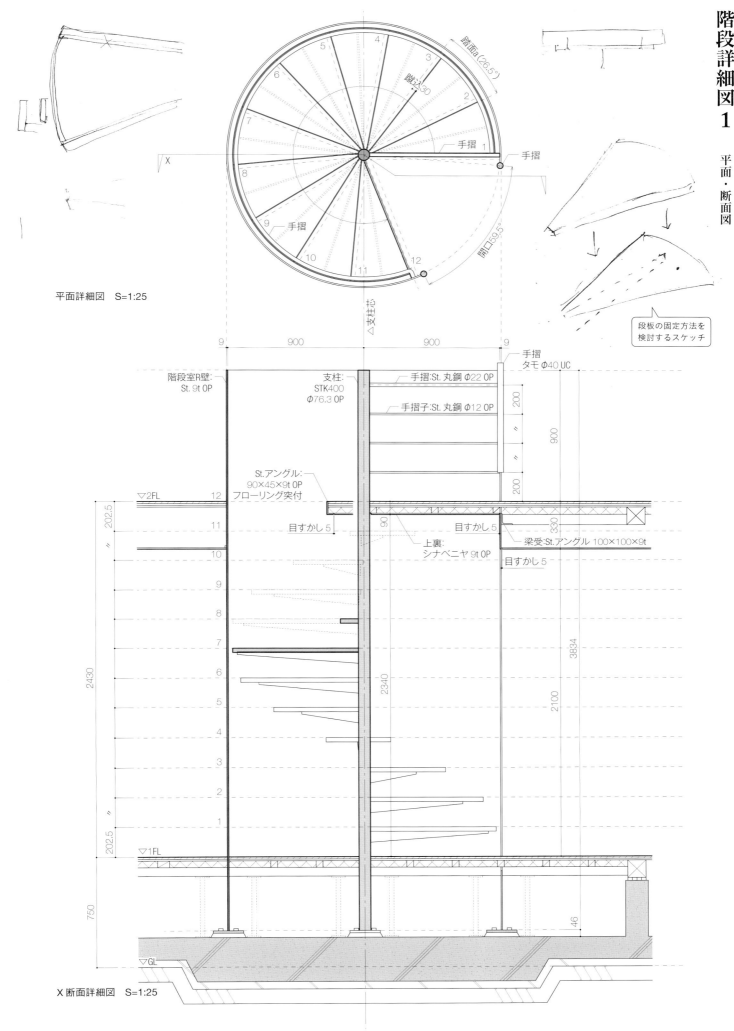

階段詳細図 1 平面・断面図

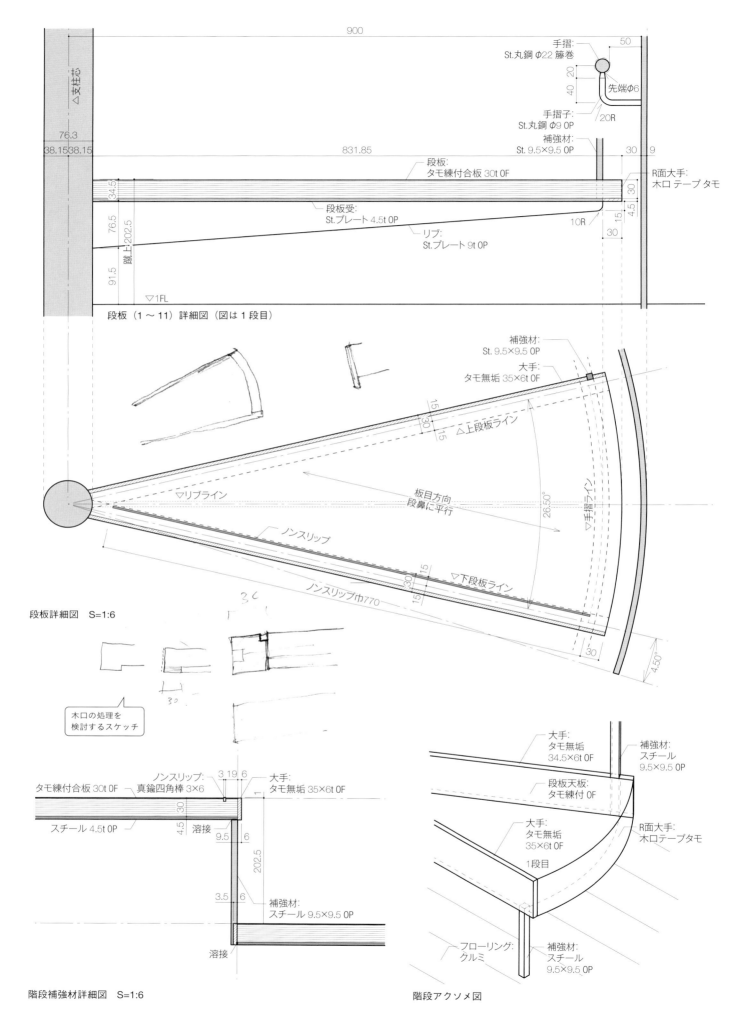

浮遊する階段室

この家の動線的な中心軸となる階段の詳細図である。変則五角形の平面の中で、階段を中心とした動線を最もコンパクトかつ滑らかに納めるために、スチール製の円形螺旋階段という形状が選ばれている。階段は、φ76mmのスチールパイプの支柱、そこからキャンティレバーで支持された段板、9mm厚の鉄板でできた半径900mmの円周壁からなる。階段は工場で製作され、基礎コンクリートの打設後、軸組の建て方に先立って現場に搬入された。増し打ちされた基礎スラブにアンカーボルトで固定されている（p.62、基礎断面詳細図参照）。段板と円周壁の間に設けられた30mmのスリットからは、上階からの光が曲面をすべるように流れ落ち、シリンダーの内部に階段が浮遊するかのような感覚を生んでいる。

上下階を繋ぐ素材の移り変わり

段板は、支柱から持ちだされた4.5mm厚のスチールプレートに30mmのタモ練付合板を固定したものである。プレートの端部には、上下の段板を繋ぐ振れ止めの補強材が溶接されている。木とスチールの部材がフラットに一体化するよう、裏側の外縁と側面の大手にはタモの無垢材が貼られている。ノンスリップは、段板が合板のため芯材が露出する溝加工ではなく、真鍮角棒を埋め込む。手摺は、スチールの丸鋼に現場で藤を巻いたものである。微妙な凹凸が手になじみ気持ちがよい。

2階スチールR壁の角部にタモの手摺を設置*

上：R壁とは縁を切った段板
下：工場で製作されたスチール階段を建て方前に基礎に固定

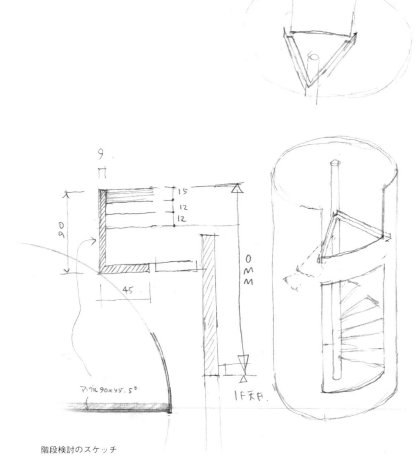

階段検討のスケッチ

外部枠廻り詳細図 1　食堂

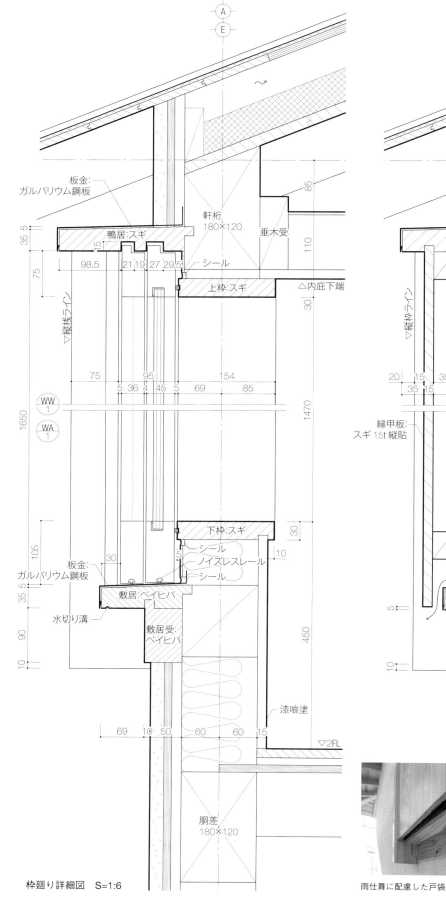

枠廻り詳細図　S=1:6

雨仕舞に配慮した戸袋

戸袋部詳細図　S=1:6

開口寸法のデザイン

　食堂の建具の横幅サイズ（東側1500mm、南東側1800mm）は、この位置からの景色や隣家からの視線を考慮しつつ、ペアガラスの制作可能寸法の最大値から決められている。全開できる引込み戸としているのは、開けた時の開放感もあるが、将来的にピアノを搬入するためでもある。変形五角形となる隅の柱は、150角の角材から切り出せるよう設計時から考慮されている。

　敷居部分では、異種金属の接触による腐食を防ぐため、ガルバリウム鋼板と真鍮製ノイズレスレールとの間に絶縁テープを挟んでいる。

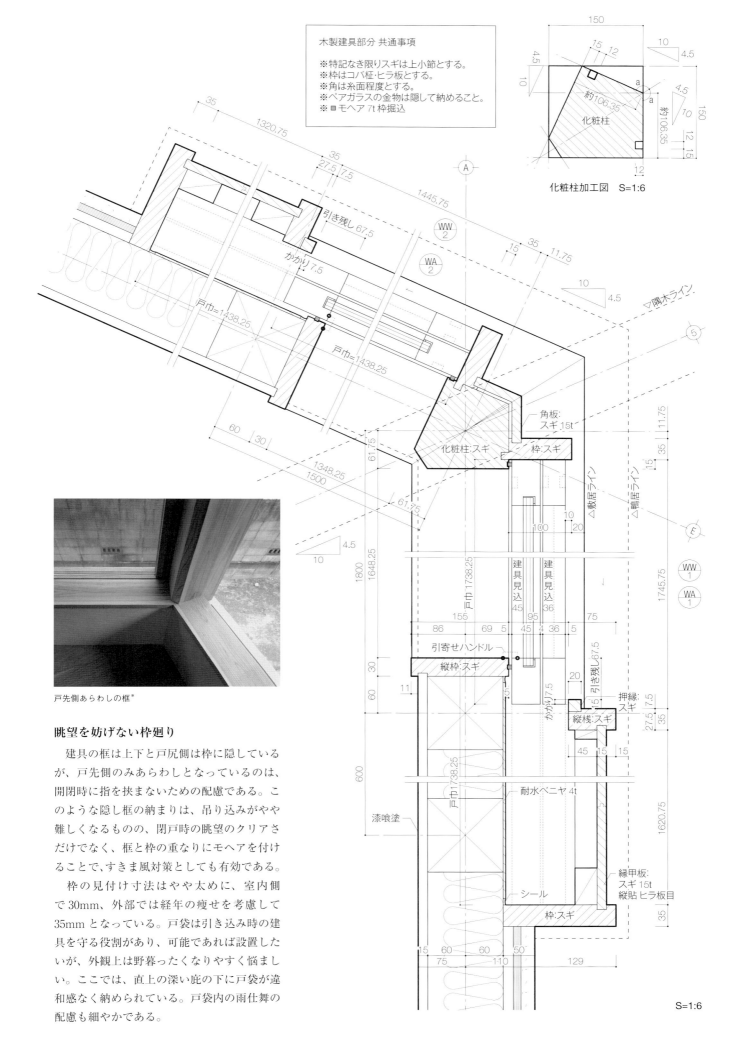

戸先側あらわしの框*

眺望を妨げない枠廻り

　建具の框は上下と戸尻側は枠に隠しているが、戸先側のみあらわしとなっているのは、開閉時に指を挟まないための配慮である。このような隠し框の納まりは、吊り込みがやや難しくなるものの、閉戸時の眺望のクリアさだけでなく、框と枠の重なりにモヘアを付けることで、すきま風対策としても有効である。

　枠の見付け寸法はやや太めに、室内側で30mm、外部では経年の痩せを考慮して35mmとなっている。戸袋は引き込み時の建具を守る役割があり、可能であれば設置したいが、外観上は野暮ったくなりやすく悩ましい。ここでは、直上の深い庇の下に戸袋が違和感なく納められている。戸袋内の雨仕舞の配慮も細やかである。

外部枠廻り詳細図 2　居間

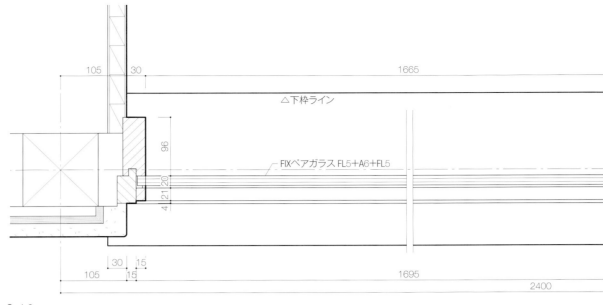

S=1:6

道行く人にも心地よい開口部の表情

　道路側の開口部では、屋外側の枠がインセットで納まり、開口周囲の出隅を左官で塗りまわすことで、厚い壁に小さな穴を柔らかくくり抜いたような、可愛らしいニュアンスが窓まわりに生まれている。このように、細部の納まりは必ずしも合理性のみで決定されているわけではなく、「建築のどこかに遊びや緩さ、一種のユーモアを含んでいること」が住宅にとっては大事であるという。

道路沿いの開口部

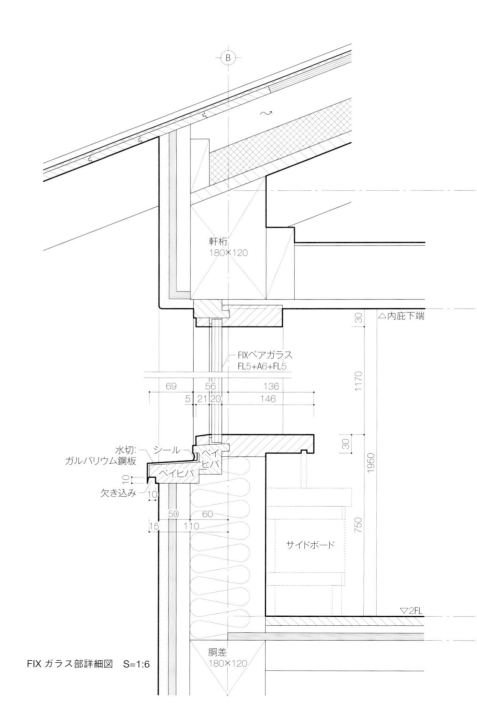

FIX ガラス部詳細図　S=1:6

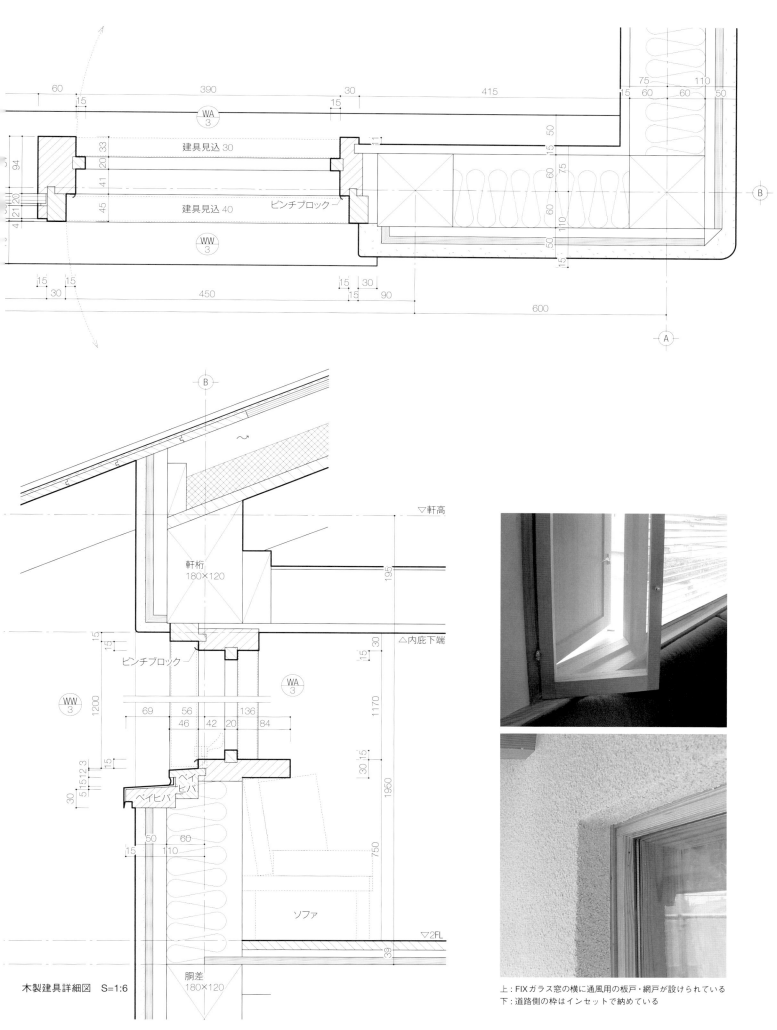

木製建具詳細図　S=1:6

上：FIXガラス窓の横に通風用の板戸・網戸が設けられている
下：道路側の枠はインセットで納めている

外部枠廻り詳細図 3　書斎

S=1:6

機能に応じた窓の分割

　居間（p.94）と書斎の窓では、眺望・採光のためのFIXガラス窓と通風のための板戸の窓とが、一つの開口部の中で使い分けられている。居間では、ソファに座るとまるで外にいるかのように感じさせる大きなFIXガラス窓とその脇の通風用の縦長の板戸。書斎のデスク前の開口は上下に三分割され、下段は手元の光をとりいれつつ道を眺められるFIXガラス窓、中段に通風用の突き上げ板戸、上段は空をのぞむFIXガラス窓となっている。このように窓の担う機能を分担し、また造作家具と一体的にアンサンブルすることで、その場所にふさわしい心地よい窓まわりの空間がしつらえられている。

木製建具の雨仕舞

　上下のFIXガラス窓の間に板貼りの突き上げ戸を設けた、書斎造作デスク前の開口部。

　木製建具の外部開口には、サイズや開き方の自由度があり、アルミサッシにはない表情が得られる。一方で、気密性や防水性の点ではどうしてもアルミサッシに劣る。最大の注意点は、開口部の上に軒をしっかりと出し、雨掛かりを最小限とすることである。軒の出のない外壁では採用しない方がよい。さらに細部では、枠・押縁の水勾配から、突き上げ戸上部のアルミアングルの水切り、窓台の板金の立上りを抑える段差、窓台先端の欠込みにいたるまで、幾重にも慎重な雨仕舞が施されている。

上：書斎開口部外観*
下：ブラインドと突き上げ戸を閉じた状態*

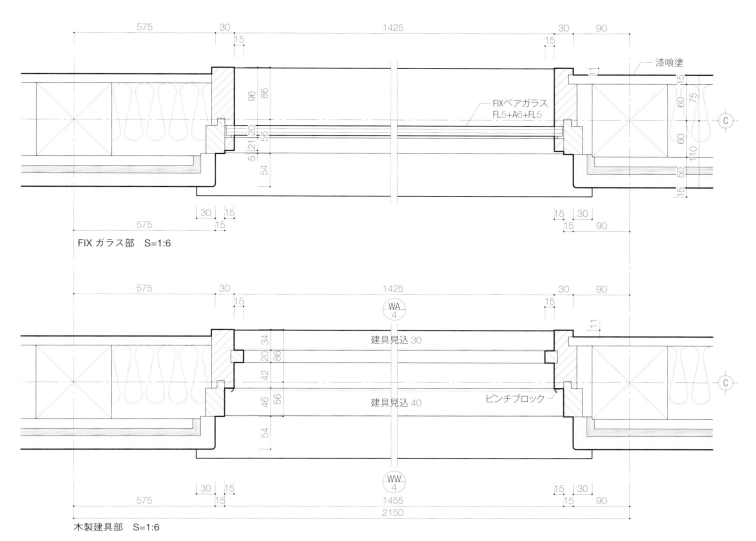

FIXガラス部　S=1:6

木製建具部　S=1:6

通風時は板貼りの突き上げ戸を開ける*

外部枠廻り詳細図 4　脱衣室

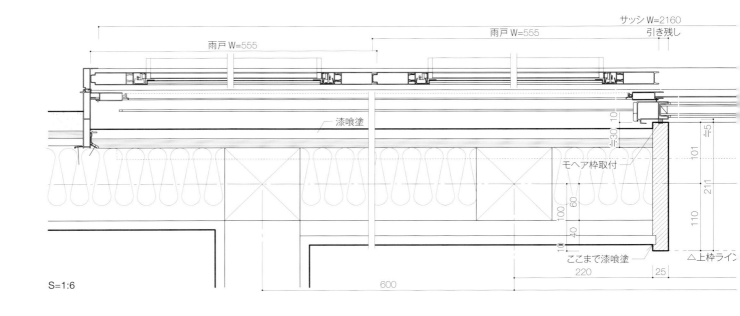

既製アルミサッシの扱い方

　脱衣室から物干しテラスに通じる開口部の幅は1000mmと広めにとり、引違いのアルミサッシを片引き使用している。向かって左側に引き開けるため、建具は通常とは逆勝手の「左前」のものを使う。また、4枚建て用のサッシ枠を用いることで、戸先側を隠し框としつつ手を入れるスペースを確保し、障子のツメがかみ合うようになっている。

　外側には、施錠したままでも通風のとれるガラリ付き雨戸がある。既製品では1mの幅がとれないため、幅555mmの雨戸を2枚を連結させ、1枚の戸として施錠できるように工夫されている。主寝室にも同様の雨戸が設けられている。

左上：脱衣室の床タイルに面した枠廻り
左下：中庭への視線の抜けを妨げないよう隠し框にしている
右　：中庭から物干テラス・脱衣室を見る*

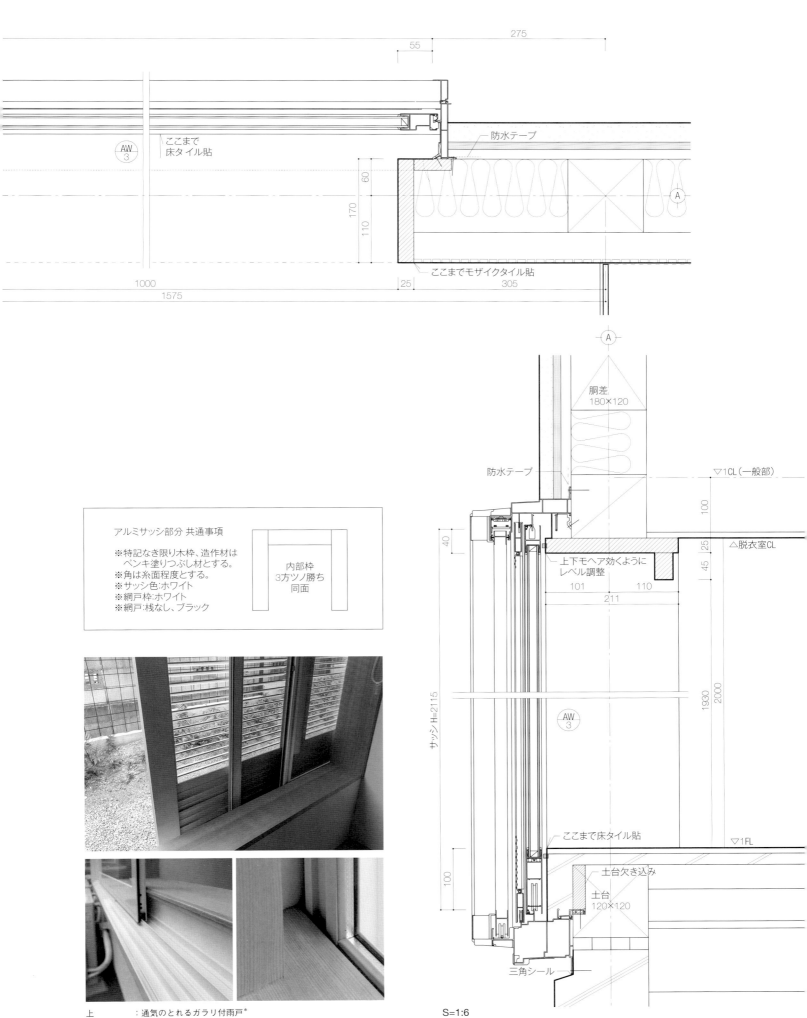

外部枠廻り詳細図 5　玄関

小さな家のさり気ない玄関

　通風用の小窓を脇に備えた玄関戸廻りの詳細図である。次頁のポーチ・小庇廻りの詳細図とあわせて見てほしい。

　全体として高さを抑えた可愛らしい佇まいとなるよう、庇の内法高さは約2100mmと、玄関戸の有効高さ1900mmを確保したうえで可能な限り低く抑えられている。

　ポーチの床仕上げは建主の支給による玄昌石、玄関土間は白河石である。玄関は埃っぽくなりやすいので、白でも黒でもないグレーがちょうどよい。

玄関外観*

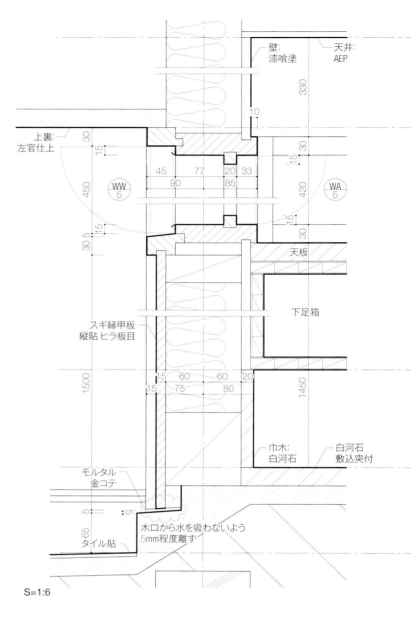

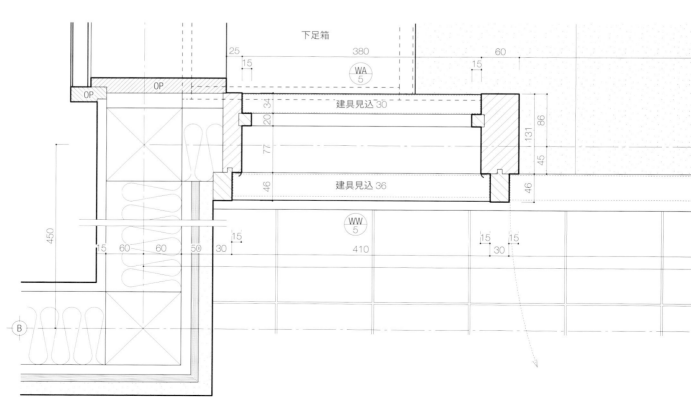

S=1:6

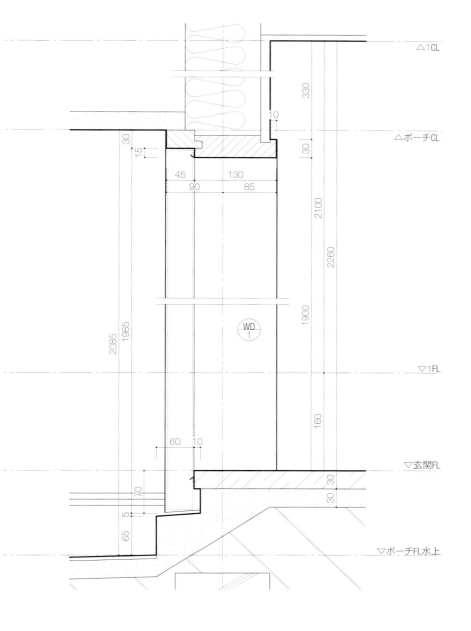

通風用の小窓・外観

共通事項

※特記なき限り木枠、造作材は
　スギ(上小節)とする。
※枠はコバ柾・ヒラ板とする。
※角は糸面程度とする。
※ペアガラスの金物は隠して納めること。
※┗ピンチブロック#7-E茶
※OP:ペンキ塗つぶし材

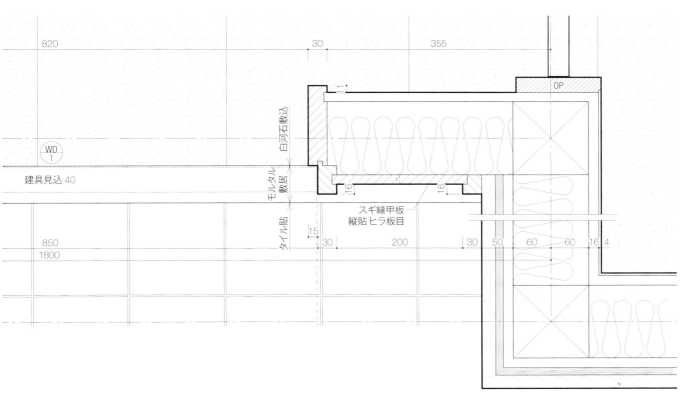

ポーチ・小庇廻り詳細図

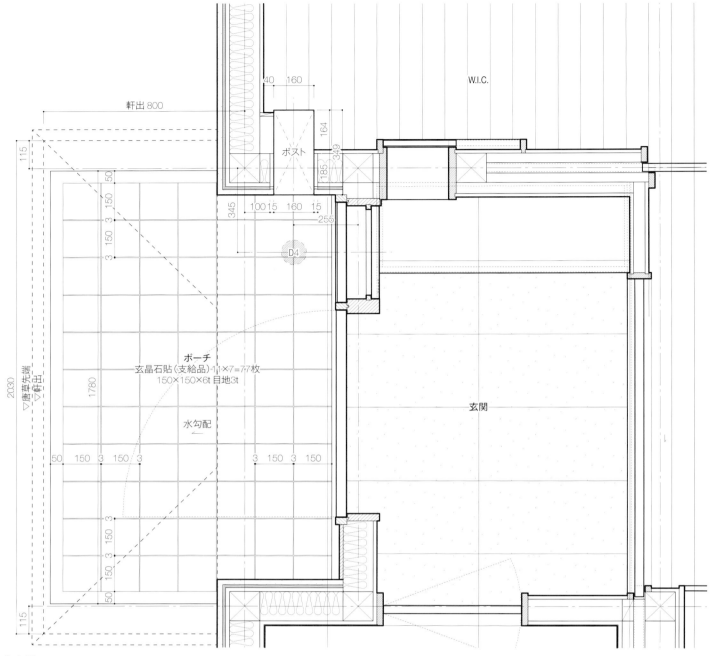

S=1:15

二重の深い軒の出

　玄関戸前の雨を避けるスペースは、傘をたたみ扉を開ける動きを考えれば、最低1mの奥行きがほしい。ここでは庇を外壁芯から800mm差し出し、さらに玄関戸を450mmセットバックさせて、余裕のある玄関前スペースが確保されている。2階にかかる大屋根の軒の出を、900mmと玄関庇よりもやや大きくとり、玄関庇にかかる雨の量を減らすことで、雨樋のないスッキリとした玄関庇が実現している。庇の両脇からの雨垂れも少なくなる。

　玄関前のGLから1FLまでの高さ約480mmは、ポーチの床の立上りと玄関戸の敷居、玄関框の3箇所の段差で調整される。まず、玄関框の高さがやや低めの160mmで決定され、次に玄関戸の敷居の立上りがやや高めに140mmとられる。敷居を2段とすることで、玄関内への雨水の侵入はもとより、戸の下に落ち葉や砂が吹き溜まることを防いでいる。GLからのポーチの床の立上りは150mm（＋床勾配30mm）である。

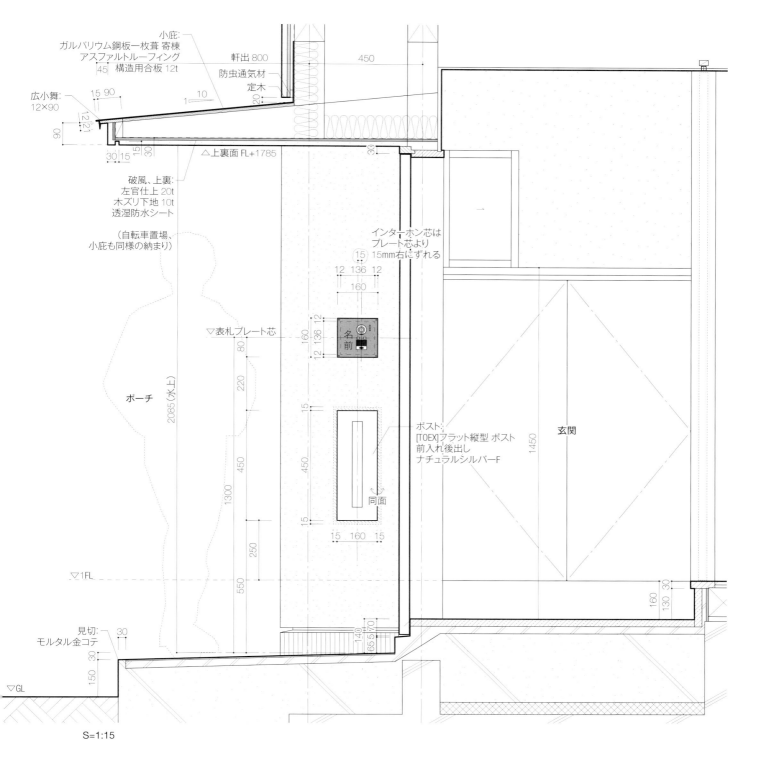

S=1:15

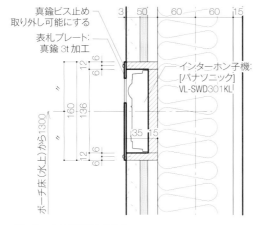

インターホン詳細図／1:6

屋根の軒の出と玄関小庇

1階水廻り平面詳細図

暮らしを支える水廻りの計画

脱衣室と洗面室はできれば分けたいという。浴室使用時にも洗面を使うことができ、来客時にも雑多になりがちな洗濯機まわりを見せずにすむからである。ここでは階段まわりのホールから洗面室を経て、洗濯機のある脱衣室、物干しテラスのある庭まで、最短の家事動線が確保されている。この動線上にある2枚の戸は平時は引き込まれ、1階の中心に光と風を導く道にもなっている（p.36 1階平面図も参照）。

特徴的な曲面壁は、玄関脇のクローゼットとトイレを両立して納めるための工夫であるが、結果として便器まわりのスペースを節約しつつ、諸室を滑らかに繋ぎ、流れるような水廻りの空間が生まれている。

1階階高が小さいため、軒桁の下に換気ダクトを通せるよう、水廻り部分では天井高を2000mmに下げ天井懐を確保している。2室対応の浴室換気扇の副吸込口は、浴室から近いトイレに設置し、脱衣室の換気ダクトとの干渉を避けている。

24時間換気の排気装置をトイレ内に設けることで、トイレに外気に面する窓をつける必要性は薄れたという。トイレの窓は、視線や防犯対策のために外から見て不自然な表情になりやすい。窓がないことで得られる安心感や落ち着きがあり、冬の寒さがやわらぐこともメリットの一つである。

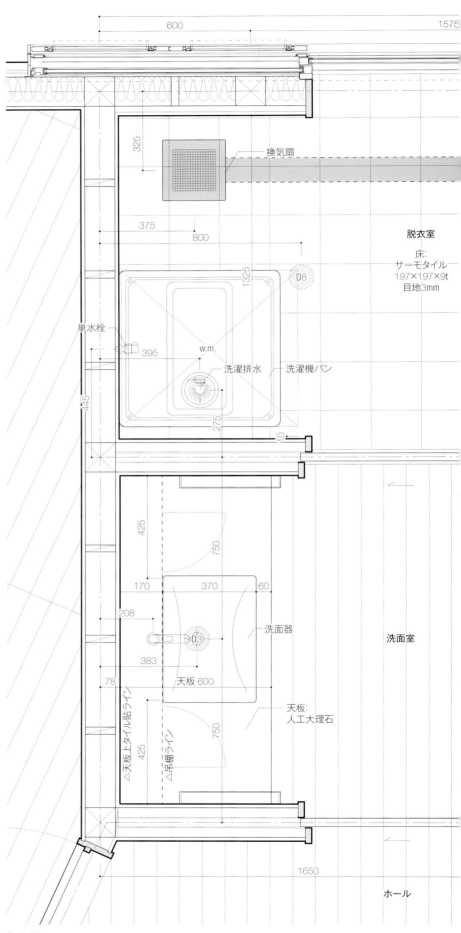

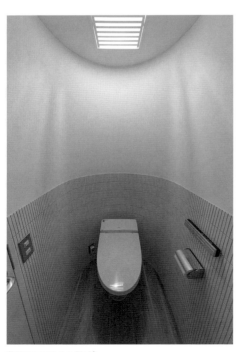

曲面につつまれた便所[*]

S=1:15

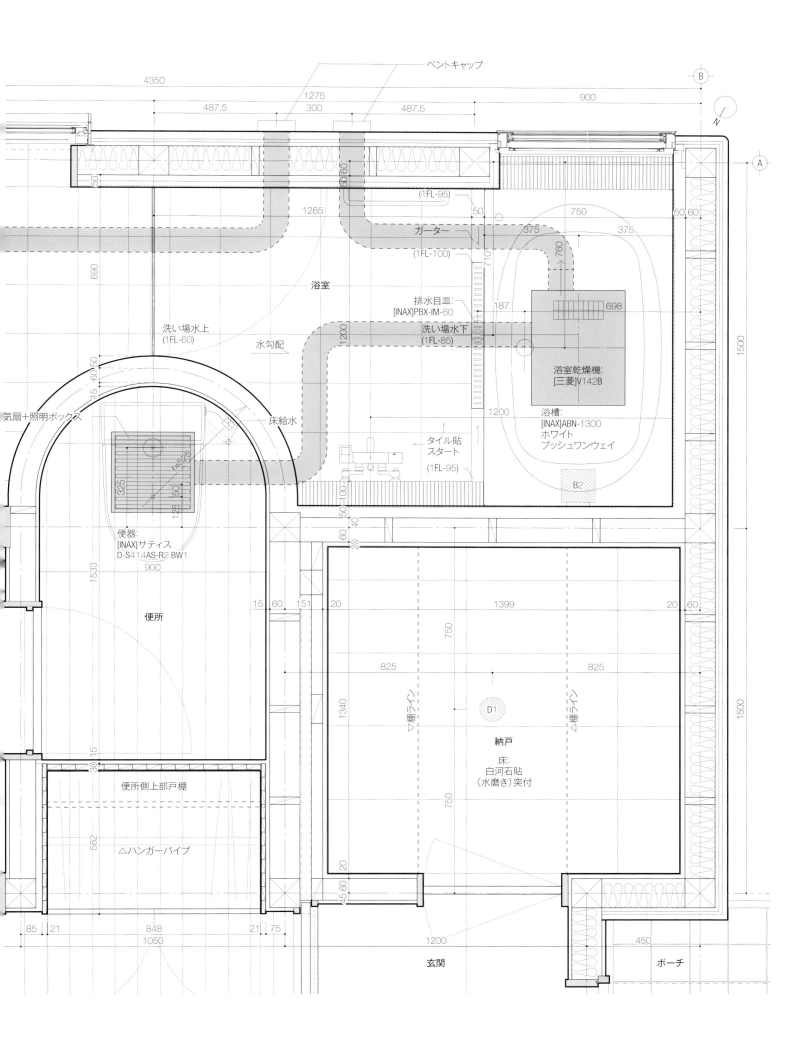

水廻り展開図 1

浴室・脱衣室

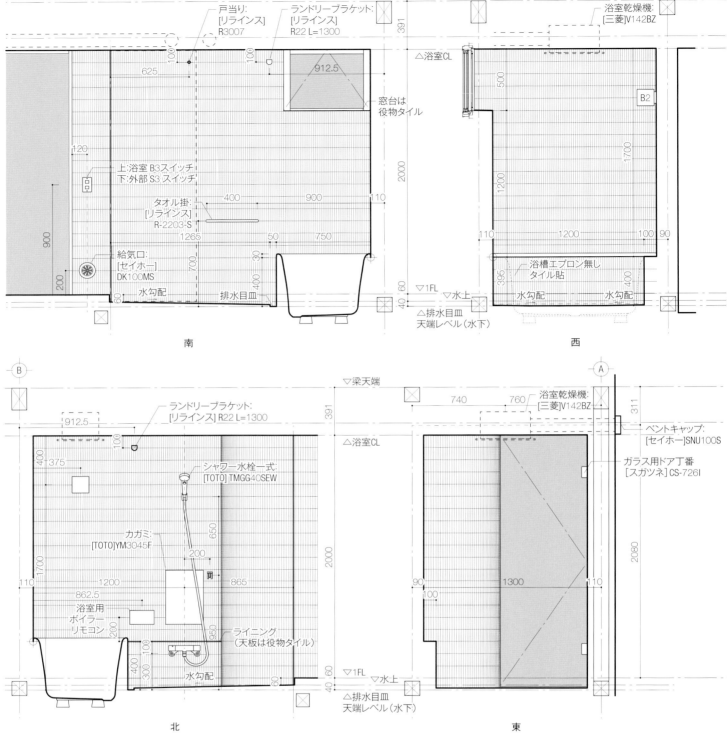

浴室展開図　S=1:30

左：浴室
右：脱衣室から浴室を見る

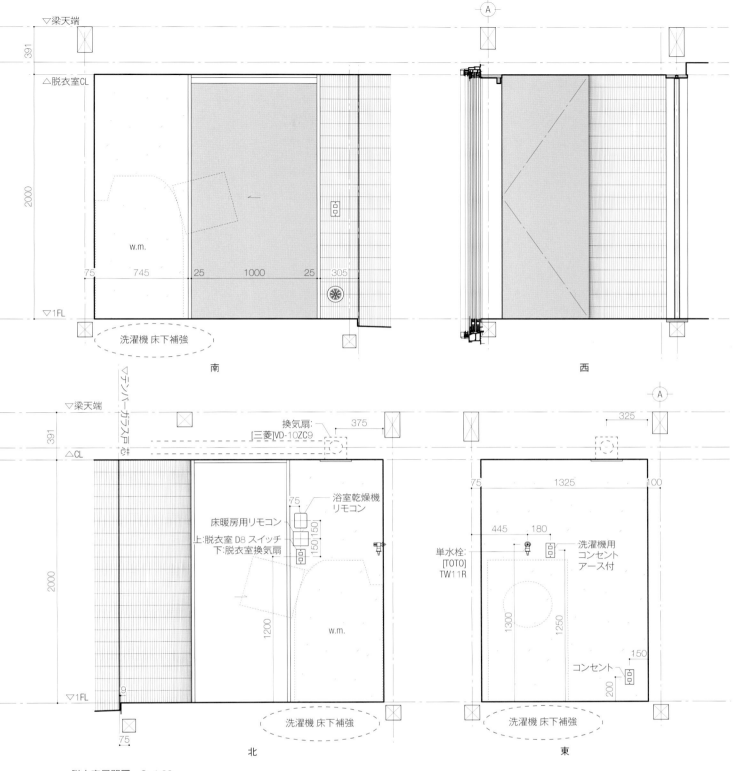

脱衣室展開図　S=1:30

左：脱衣室から洗面室を見る
右：浴室から洗濯機置場を見る

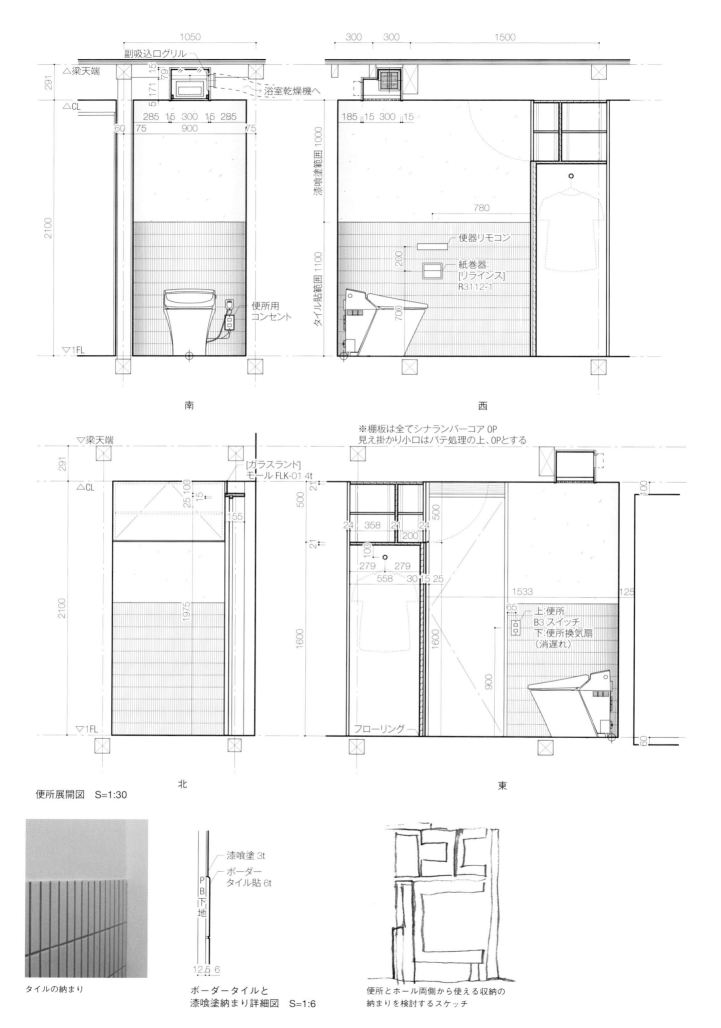

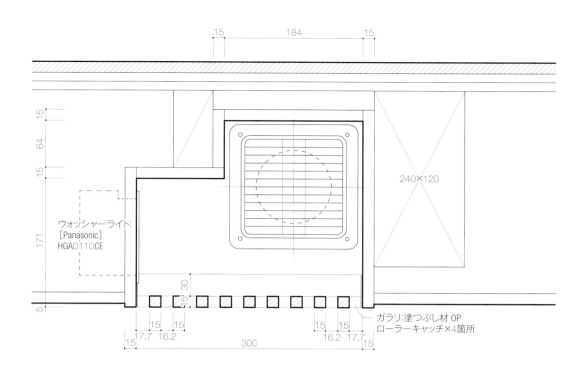

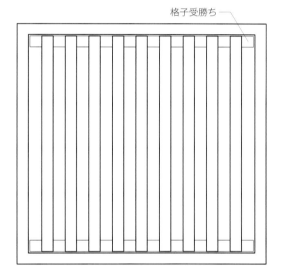

便所ガラリ詳細図　S=1:5

照明と換気口を収めたチャンバー

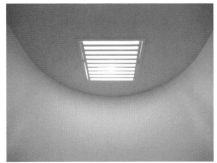

左：ガラリ越しに照明の光が落ちる
中：上部収納
右：欄間ガラスからの採光

一枚の図面に込められた「建築」

橋本智広・斎藤豊久（友八工務店）

　初めてお会いした喫茶店で、堀部さんはリュックを抱えて控えめに座っておられた。静かに話し始めると、わかりやすく要点をおさえて説明してくれるのでこちらも真剣に聞き入っていると、突然冗談を挟んでくる。それからは毎回、現場に入る前に必ず冗談を一言。想像していた建築家像とはあまりにかけ離れた素朴な雰囲気だった。地鎮祭の日、建物の位置やレベル確認をしていた時、堀部さんにいきなり「浜松の1年点検、一緒に行く？」と声を掛けてもらい、同行させてもらうことになった。そうして見学することになった〈浜松の家〉では、出隅や入隅、材がぶつかって切り変わるところ、開口部の高さや天井高など、堀部さんが気にして見るポイントを確かめながら、今回の〈小さな五角形の家〉ではどんな大工に入ってもらうのが良いかを考えていた。

　現場を担当することになった大工のクボタは、基礎工事の段階から足繁く現場に通っていた。初めての堀部さんとの仕事に私たちの不安も小さくなかったが、毎日帰ってから自宅で図面を読み込み予習を欠かさない彼に現場も引っ張られ、疑問に思ったことはどんな小さなことでも、翌日に皆で話し合うようにした。

　らせん階段の据付けからフローリングの貼り方まで、大なり小なり、精度と技術が求められる気の抜けない場面がしばしばあったが、なかでも「屋根」は、これまで経験してきたどの現場と比べても骨の折れる仕事だった。隅木の角材一本一本から、丸垂木あらわしの天井、雨じまい、仕上げ、施工方法や段取りについては、堀部さんや所員さんと何度も話し合っては寸法を確認させてもらった。施工者は、設計者が十分に描き、つくりこんだ「図面」からすべてを理解し、必要以上に説明を求めたり余計な心配をさせたりしないというのが基本ではあるが、この屋根だけはそうもいかなかった。

　もっとも時間と手間を要したのは、化粧垂木を架ける作業だった。放射する変形の多角形屋根では、丸垂木を桁に載せるときにどうしても天地に狂いが出てしまう。変形しているので、寸法も違えば角度も違う、桁に当たる面も違うし、無垢材の曲がりもある。とはいえ、人がたくさんいれば早く進むという仕事でもない。加えて、寸分の狂いもなく材と材が噛み合ってないと面白くないという職人気質な大工だったこともあり、ひたすら時間と手間を惜しまずに、一本一本の納まりを確かめていくしかなかった。

　とはいえ、やはり図面にはすべてがしっかり表現されることを改めて実感したのも、この時だった。遠方のやり取りに慣れておられるからこそ、堀部事務所の図面は、多いし、少ない。情報は一枚の図面の中にぎっしり詰まっていて、その図面に対してのやり取りの回数は、非常に少ない。物理的な距離もありメールや電話でのやりとりも多かったが、堀部事務所では机上で幾度となく議論が交わされているのであろう、現場での変更はどれも軽微なものばかりだった。

　丸垂木がすべて架かった日、足場を上り、頂点にある小さい五角形を見下ろした。そしてまた下に降りて、今度はその小さな五角形を見上げ、ほっとした。

堀部安嗣氏と斎藤氏

スチール階段の搬入

上下：化粧母屋を設置する様子

屋根頂部を見下ろす

仮設の柱が蕪束を支える

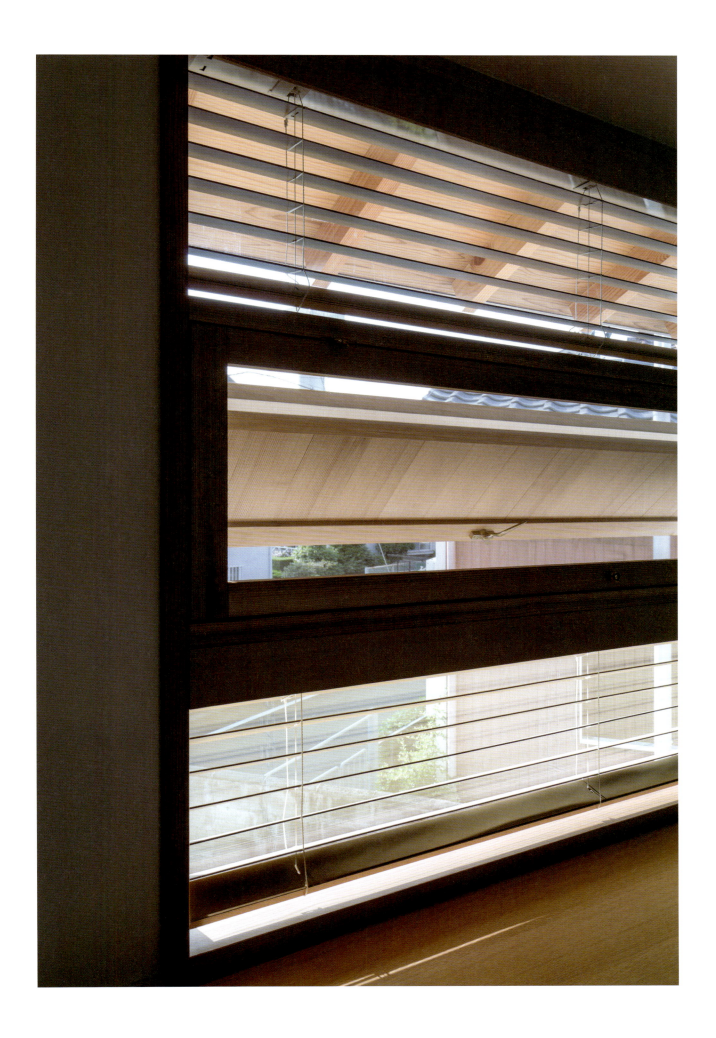

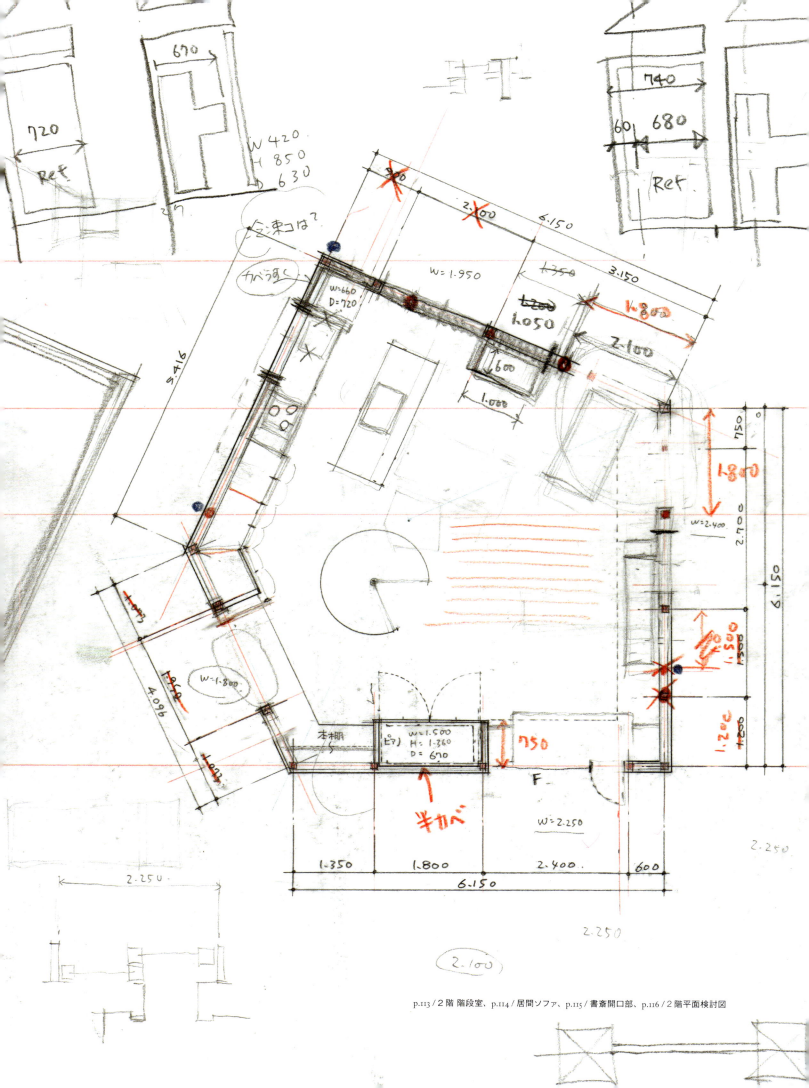

p.113／2階 階段室、p.114／居間ソファ、p.115／書斎開口部、p.116／2階平面検討図

chapter 4

施工図　家具・建具工事

人の身体との接点

　設計を練ってゆくと、いつの間にか予期せず、その建物に人のような"性格"が生まれてきます。その土地、環境、住まう人、コスト、法律、それらと自分の考えているプランとが相互に作用を及ぼしあい、性格を形成してゆくのでしょう。たとえばお金をしっかりかけてリッチで潤いのある家がふさわしく思える時もありますし、お金をかけずに、さっぱりとシンプルなあり方がふさわしいと思う時もあります。

　台所、家具、建具の設計は、そんな生まれてきた建物の性格に合わせることを心がけています。空間のもっている質や温度と違和感のないデザインを探ると建物全体に落ち着きと調和が生まれます。

　建具や家具は密接に身体に繋がっている大事なところです。使い勝手や操作感といった人の身体や心理と建築との接点のデザインは大変難しく、失敗を繰り返しながら、粘り強く改良を重ね続けてゆかなければなりません。

（堀部安嗣）

台所詳細図 1 平面図

居間・食堂を見守るキッチンの配置

食堂側に手元を隠したシンクを、壁側にコンロと冷蔵庫を配置する、二列構成のオープンキッチンである。コンロは壁側に置いた方が油ハネ対策がしやすく、フードを天井から吊る必要もなくなる。カウンターの高さを、シンク側は850mm・コンロ側は800mmと、それぞれ適した高さに設定できることも、この構成の利点である。カウンター間の幅は、主に一人で使うのであれば、800mm程度が広すぎず狭すぎずちょうどよい。暗いと料理が美味しく見えないので、照明は十分に明るくなるようコンロ側とシンク側の両方に設ける。床は汚れやすいため、フローリングではなくウレタン塗装のコルクタイルとする。冷蔵庫とカウンターの前面が揃うよう、冷蔵庫置場の壁はややへこませる。実用本位の対応がすみずみまで行き届いている。

表情や質感の調停

設備や収納の多いキッチンが周囲の空間から浮いてしまうことのないよう、内部空間全体としての表情や質感の調和に最大限の注意を払うという。ここでは、レンジフードや冷蔵庫を深い内庇の下に納める、収納の面材を化粧合板ではなく他の居室の壁と同じ現場塗装にするなどの方法で、表情が調停されている。コンロまわりの壁面は実はキッチンパネルであるが、内庇の下に収まることで、周囲の漆喰や塗装と並んでも違和感がない。

キッチンシンクの設計

人工大理石の天板にステンレスのアンダーシンク、カウンターの奥行きは650mmである。最小限の600mmから、たった50mmでも大きなゆとりとなる。手元を隠す立上りの高さはFLから1040mm。1100mmを超えると食堂側に圧迫感が生まれてしまうため、現場で慎重に確認しながら決定された。鍋を置いても水がスムーズに流れるよう排水口は奥の隅に寄せる、水栓の立上り部は必ず濡れるためシンク内に一段下げて設置する、洗剤やスポンジ置き場もシンク内に確保する、などの細やかな配慮が施されている。

キッチンまわりの金物類は、汚れや荒い扱いにも耐えるよう十分に頑丈であることを重視し、定番のものが多い。扉や引出しなどは、足で開け閉めしてもよいくらいに考えているという。

食堂から台所を見る*

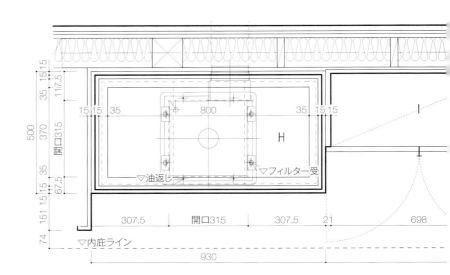

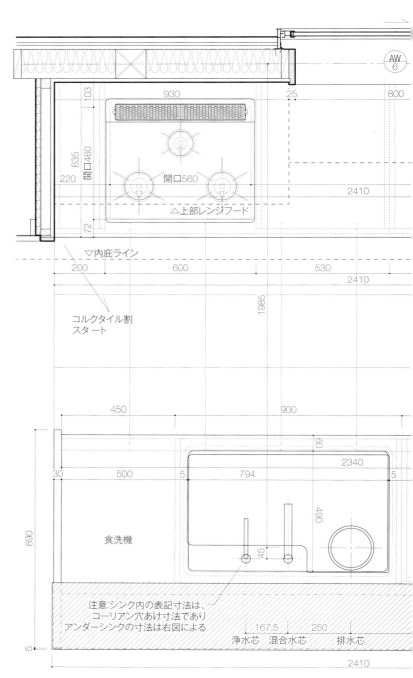

S=1:15

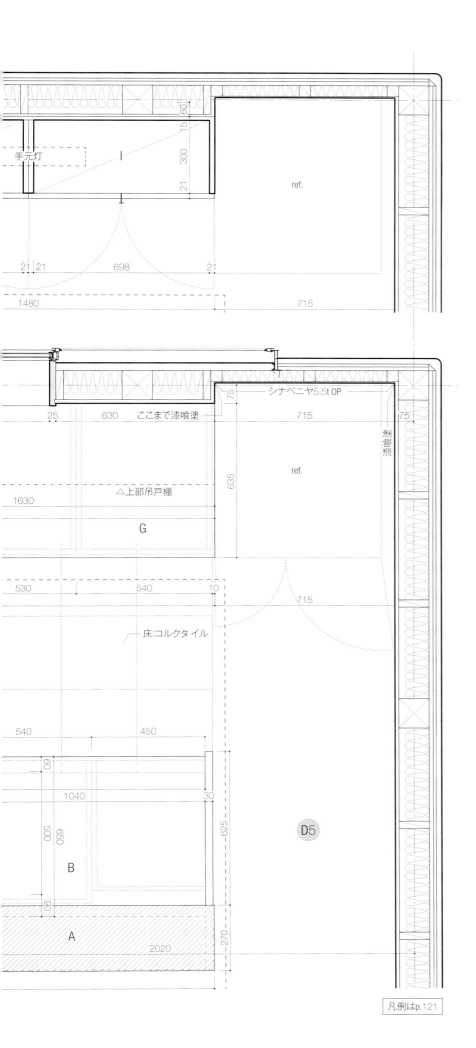

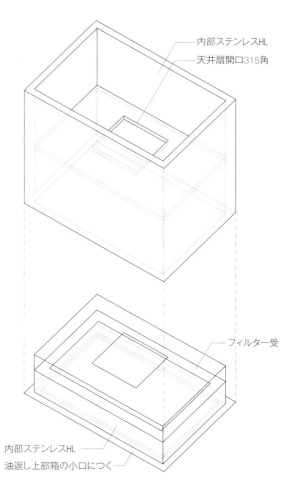

レンジフードアクソメ

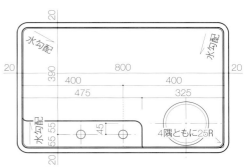

アンダーシンク S=1/15

上：レンジフード
下：キッチンシンク

台所詳細図 2

バックカウンター

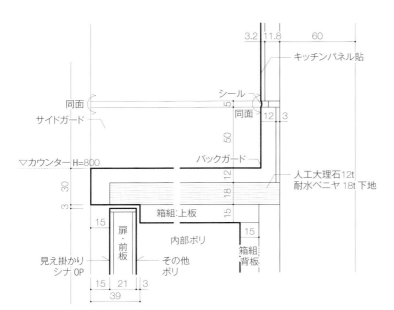

カウンター天板詳細図　S=1:3

バックカウンター

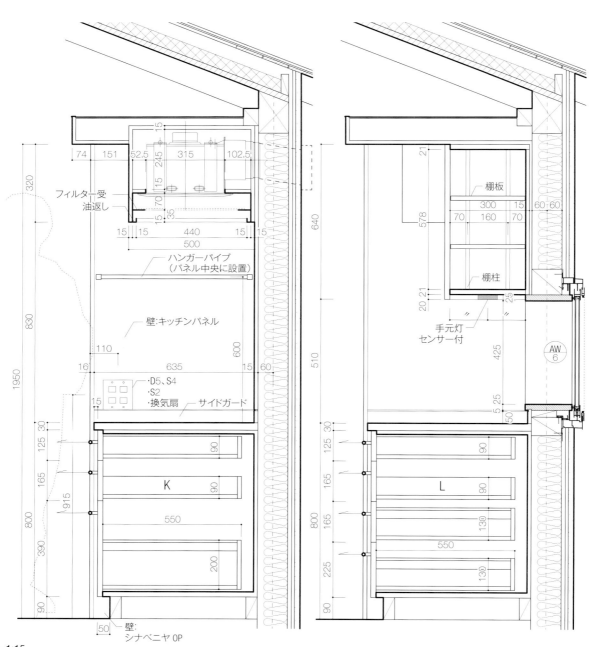

S=1:15

場所	家具名	仕様	金物
G	バックカウンター	人工大理石 12t+耐水ベニヤ18t バックガード、サイドガード(一方)h=50、エプロン	
H	レンジフード	箱組:シナランバーコア 15t OP 内部:ステンレス(HL)1.0t 油返し、フィルター用ツバ	フィルター: [東芝]RF-7SF×3ヶ所
I	吊食器棚	両開き戸:シナベニヤフラッシュ 21t OP 箱組:ポリベニヤフラッシュ 21t(背板15t)	スライド丁番(キャッチ付) 取手:アルミアングル [杉田エース]227-315
J	調味料入	引出前板:シナベニヤフラッシュ 21t OP 箱組:ポリベニヤフラッシュ 21t(上板、背板 15t)	フレームバスケット: 545.59.276右×1ヶ所 ワイヤーバスケット: 545.60.208×2ヶ所 アリーナバスケット: 545.60.275×1ヶ所 ミニハンドル: 101.20.009×1ヶ所
K	引出3段	引出前板:シナベニヤフラッシュ 21t OP 引出:ポリベニヤフラッシュ 16t 箱組:ポリベニヤフラッシュ 21t(上板、背板 15t)	引出金物:L=550×3ヶ所 レーリングシステム×2ヶ所 ハンドル×3ヶ所
L	引出4段	引出前板:シナベニヤフラッシュ 21t OP 引出:ポリベニヤフラッシュ 16t 箱組:ポリベニヤフラッシュ 21t(上板、背板 15t)	引出金物:L=550×4ヶ所 レーリングシステム×3ヶ所 ハンドル×4ヶ所
	ハンガーパイプ	レール:[ハーフェレ]521.15.610 ホルダー:[ハーフェレ]521.15.610×2ヶ所 エンドキャップ:[ハーフェレ]521.16.690×2ヶ所 フック:[ハーフェレ]521.20.411×6ヶ所	

共通仕様

OP :オイルペイント CN-90(ホワイト)
ポリベニヤ :[アイカ]ノンスチポリ RBN5414(白)
引出金物 :[ハーフェレ]ノヴァクラシック・プロ
　　　　　　側板高さ90mmエアマティック付
引出内マット :[ハーフェレ]アンチスライドマット
レーリングシステム:[ハーフェレ]丸タイプ7107
ハンドル :[ハーフェレ]101.20.014
スライド丁番 :キャッチ付(ホワイト)
キッチンパネル :[サンワ]マットホワイト 3.2t
人工大理石 :[ハードウェア]STARON SP011/パール

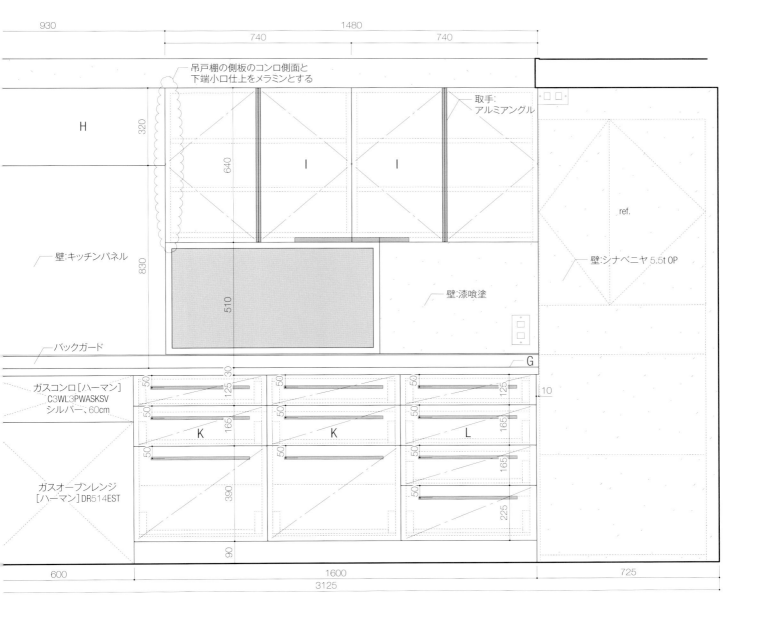

台所詳細図 3　カウンター

場所	家具名	仕様	金物
A	配膳台	ナラ無垢 30t UC	—
B	カウンター	人工大理石 12t+耐水ベニヤ 18t バックガード、サイドガード（9t）h=50、エプロン アンダーシンク：ステンレス（H.L.）1.0 t	—
C	オープン引出2段	引出前板：シナベニヤフラッシュ 21t OP 引出：ポリベニヤフラッシュ 16t 箱組：ポリベニヤフラッシュ 21t（上板、背板 15t）	引出金物：L=500×2ヶ所 ハンドル×2ヶ所
D	引出4段	引出前板：シナベニヤフラッシュ 21t OP 引出：ポリベニヤフラッシュ 16t 箱組：ポリベニヤフラッシュ 21t（上板、背板 15t）	引出金物：L=550×4ヶ所 レーリングシステム×1ヶ所 ハンドル×4ヶ所
E	引出1段	引出前板：シナベニヤフラッシュ 21t OP 引出：ポリベニヤフラッシュ 16t 箱組：ポリベニヤフラッシュ 21t（上板、背板 15t）	引出金物：L=350×1ヶ所 レーリングシステム×1ヶ所 ダストボックス：502.90.503×3ヶ ロングハンドル：101.20.017×1ヶ所
F	食器棚	両開き戸×3：シナベニヤフラッシュ 21t OP 可動棚：ポリベニヤフラッシュ 18t 箱組：ポリベニヤフラッシュ 21t（上板、背板 15t）	スライド丁番（キャッチ付） 掘込引手：ナラ無垢 UC

カウンター食器棚

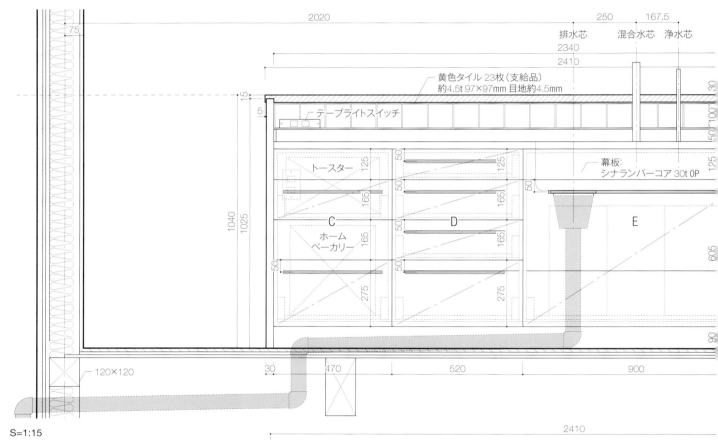

S=1:15

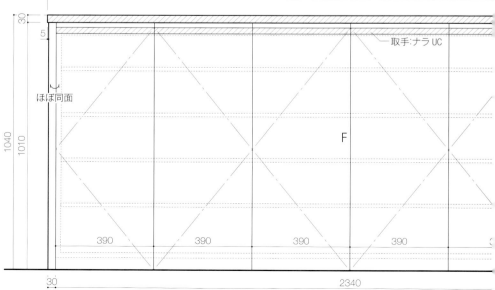

カウンターから居間を見る

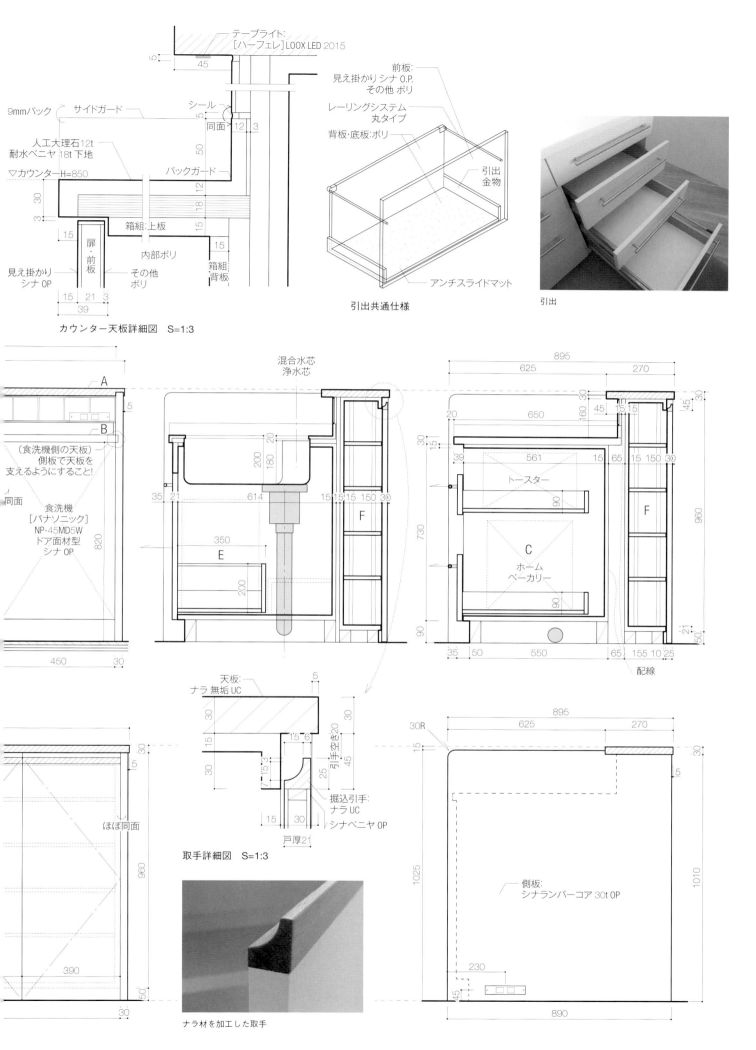

建具詳細図 1
扉廻り

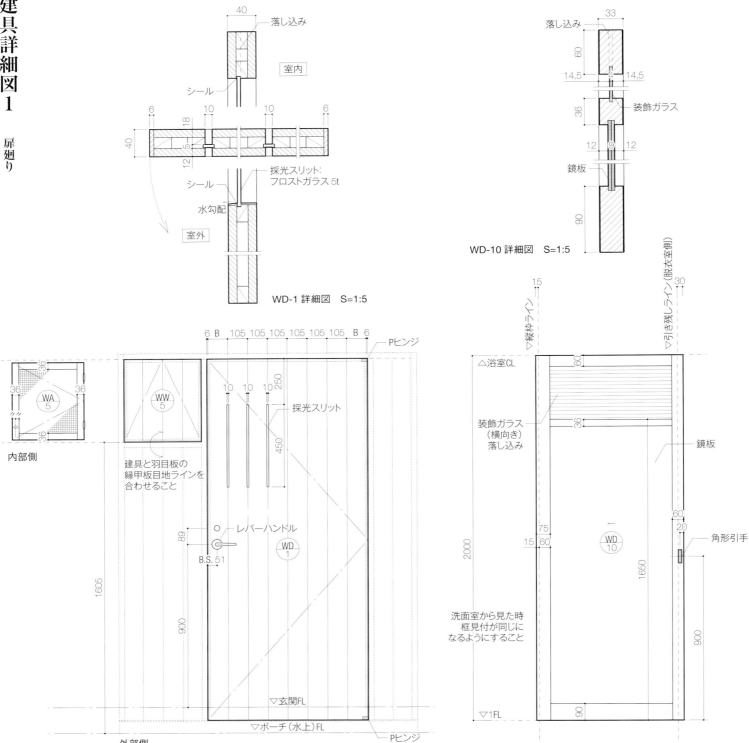

左：右側にホール収納／右：子供室収納

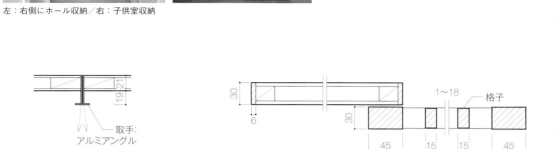

ZD-2 詳細図　S=1:5

ZD-3 詳細図　S=1:5

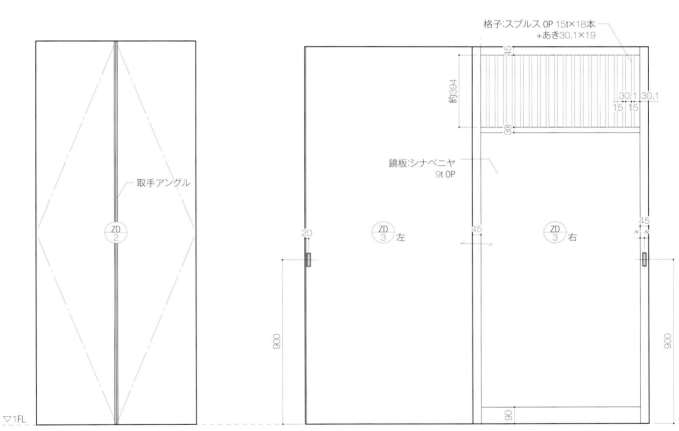

ホール　S=1:20

子供室　S=1:20

記号・場所	ZD/2 ホール	ZD/3 左 子供室	ZD/3 右 子供室
見込・形式	21 両開きフラッシュ戸	30 片引きフラッシュ戸	30 片引き框板戸（ツノ勝）
材質・塗装	シナベニヤ 4t OP	シナベニヤ 5.5t OP 左右大手：スプルス 6t OP	框、格子：スプルス OP 鏡板：シナベニヤ 9t OP
ガラス部	—	—	—
金物	取手アングル： ［杉田エース］227-315 スライド丁番 （キャッチ付）	角形引手：［丸喜金属］THEIMEN75（75×20.5×8.8） 吊レール：［ATOM］AFD-system AFD1500 ホワイト	

建具詳細図 2　窓廻り

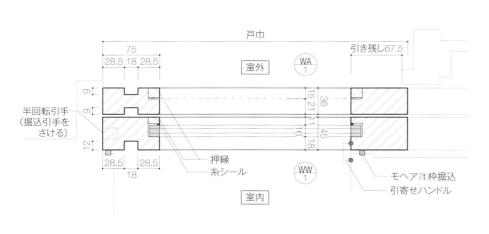
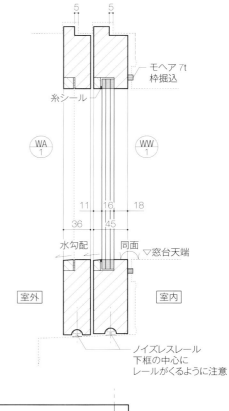

WW-1・WA-1 詳細図　S=1:5

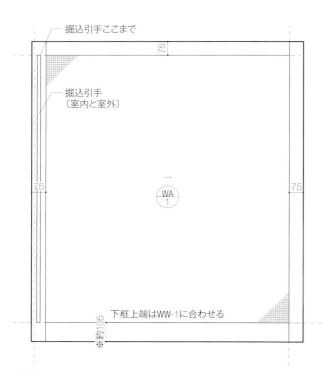
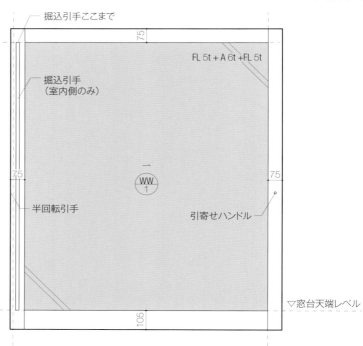

食堂コーナー　S=1:20

記号	WA-1	WW-1
場所	食堂コーナー	食堂コーナー
見込・形式	36 片引き網戸	45 片引きガラス框戸
材質・塗装	框：ピーラー O.S.	框：ピーラー　外部:O.S.　内部:O.F.
ガラス部	黒ネット網	ペアガラス：FL5+A6+FL5
金物	掘込引手×2ヶ所 戸車×2ヶ所 ノイズレスレール	掘込引手×1ヶ所 引寄せハンドル：[ナカニシ] SUS-X-15 　　　　　　　受座 ATU-20 半回転引手：[ベスト] No.355（サテンニッケル） 戸車（重量ベアリング入）：[ヨコヅナ] BYS丸形×2ヶ所 ノイズレスレール モヘア

O.S.：[オスモ] ウッドステインプロテクタークリアプラス
O.F.：[オスモ] エキストラクリアー

食堂枠廻り WW-1を引き込んだ様子

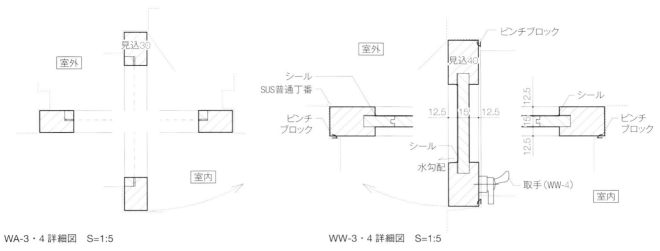

WA-3・4 詳細図　S=1:5

WW-3・4 詳細図　S=1:5

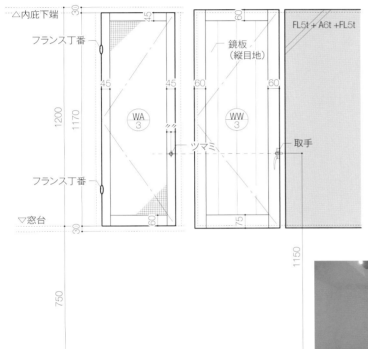

居間コーナー・書斎コーナー　S=1:20

居間コーナー

書斎コーナー

記号	WA 3	WW 3	WA 4	WW 4
場所	居間コーナー	居間コーナー	書斎コーナー	書斎コーナー
見込・形式	30 片開き網戸	40 片開き鏡板戸 + FIX 連窓	30 跳ね上げ網戸	FIX + 40 鏡板戸 + FIX 連窓
材質・塗装	框:スギ(上小節) O.F.	框:スギ(上小節) 外部:O.S. 内部:O.F.	框:スギ(上小節) O.F.	框:スギ(上小節) 外部:O.S. 内部:O.F.
ガラス部	サラングレー網	鏡板:スギ(上小節)縁甲板 15t 本実 外部:O.S. 内部:O.F.	サラングレー網	鏡板:スギ(上小節)縁甲板 15t 本実 外部:O.S. 内部:O.F.
金物	ツマミ:[堀商店] 718-B(BF)×1ヶ フランス丁番:[堀商店] 185-C(BF)×2ヶ マグネットキャッチ(茶系)	取手:[堀商店] 1015(BF)平受 左勝手 SUS普通丁番×2箇所 あおり止め:[ATOM] U-3022-2HL ピンチブロック #7-E(茶)枠取付	ツマミ:[堀商店] 718-B(BF)×1ヶ フランス丁番:[堀商店] 185-C(BF)×2ヶ マグネットキャッチ(茶系)	取手:[堀商店] 1015(BF)平受 右勝手 ホイトコ:[ベスト] No.462/200 ピンチブロック #7-E(茶)枠取付

造作家具廻り詳細図 1　書斎机・収納

機能的な収納スペース

2階書斎まわりの造作家具である。奥行き640mmの造作デスク天板は、540mmピッチで並ぶ逆さL字形の方立で支えられる。L字の腕部分の高さを利用して設けられた薄い引出しは、文具や小物をしまう場所として喜ばれるという。方立間に横板を渡した机下の棚も、比較的使用頻度の低いものの収納場所として重宝する。壁面の棚板はA4サイズの書類や本が無理なく納まる寸法として決まっている。

左側の大容量の収納は、垂直収納折戸を用いて全開できる仕様となっている。将来的にアップライトピアノを置くスペースになるため、奥の壁を真壁にして約700mmとやや深めの奥行きとしている。

共通事項
OP　：オイルペイント CN-90（白）
ポリ：［アイカ］
　　　ノンスチポリ RBN5414（白）

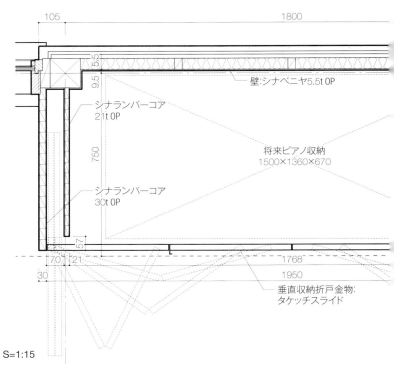

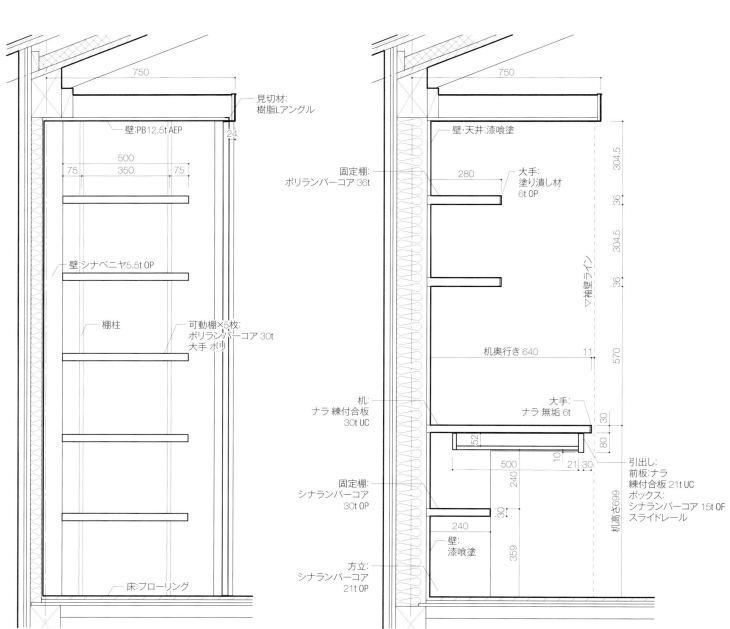

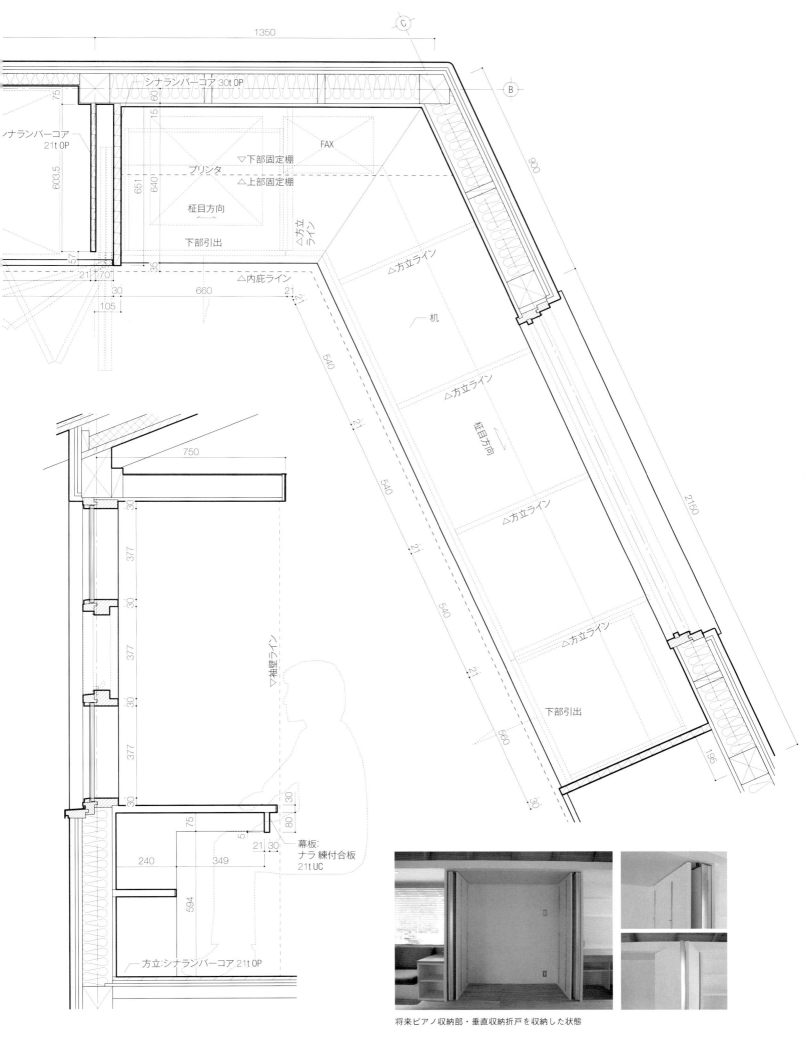

将来ピアノ収納部・垂直収納折戸を収納した状態

造作家具廻り詳細図 2　居間ソファ

窓辺に深く腰掛けるソファ

　2階居間の窓際に設けられた造作ソファ。L字型にめぐる内庇、背後の開放的な窓と相まって、広いワンルームの一角にコージーな居場所をつくりだしている。ソファの長さは2000mm、横に寝転ぶことができるサイズである。実際、ご主人がここで眠ってしまうことも多いという。両脇にはサイドテーブル兼収納が備わる。サイドにこのような家具があると、前にローテーブルを置かなくてもお茶を飲むことができるし、読みかけの本やリモコンを置く場所として活用される。

　上方の内庇には、読書用のダウンライトが埋め込まれている。浅く腰掛けたときに滑り落ちないよう、ソファの座面にはやや奥向きの勾配がついている。

居間・ソファ

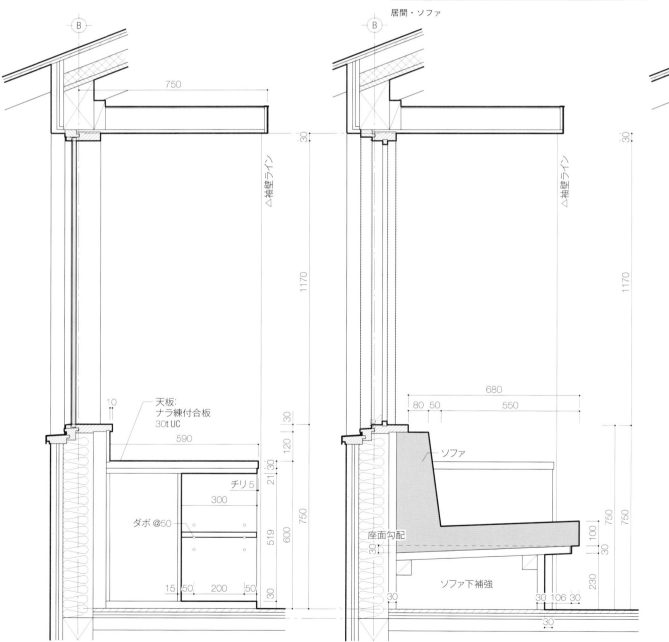

S=1:15

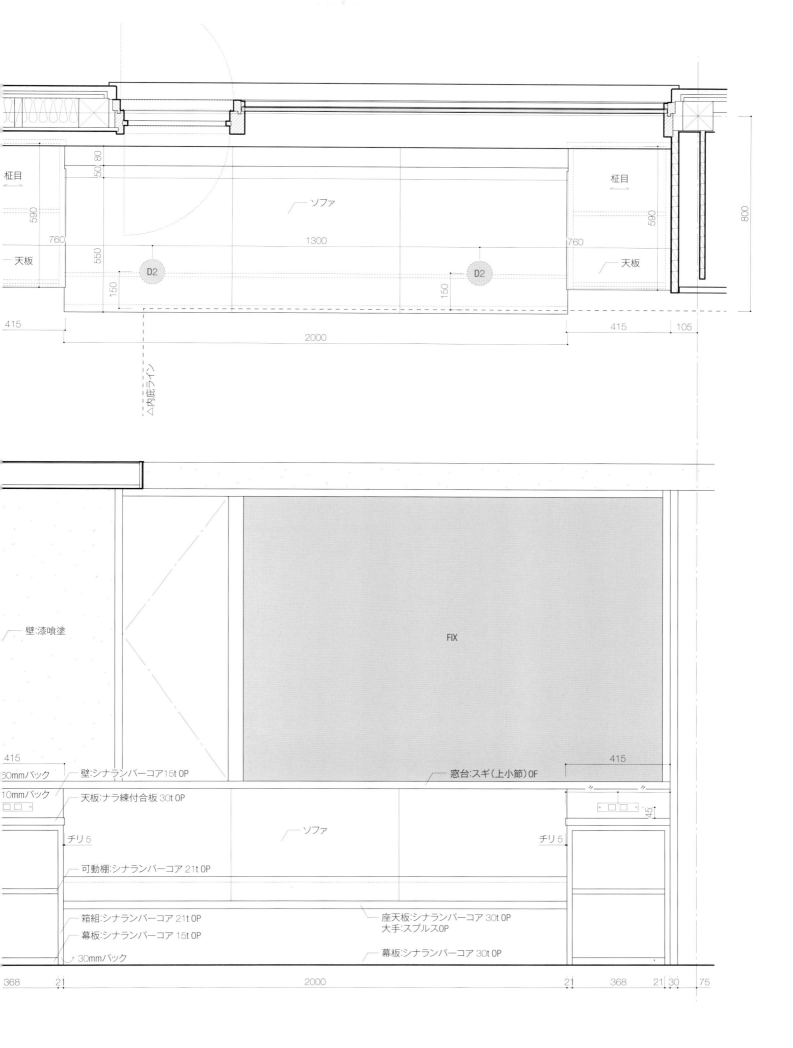

造作家具廻り詳細図 3　台所収納

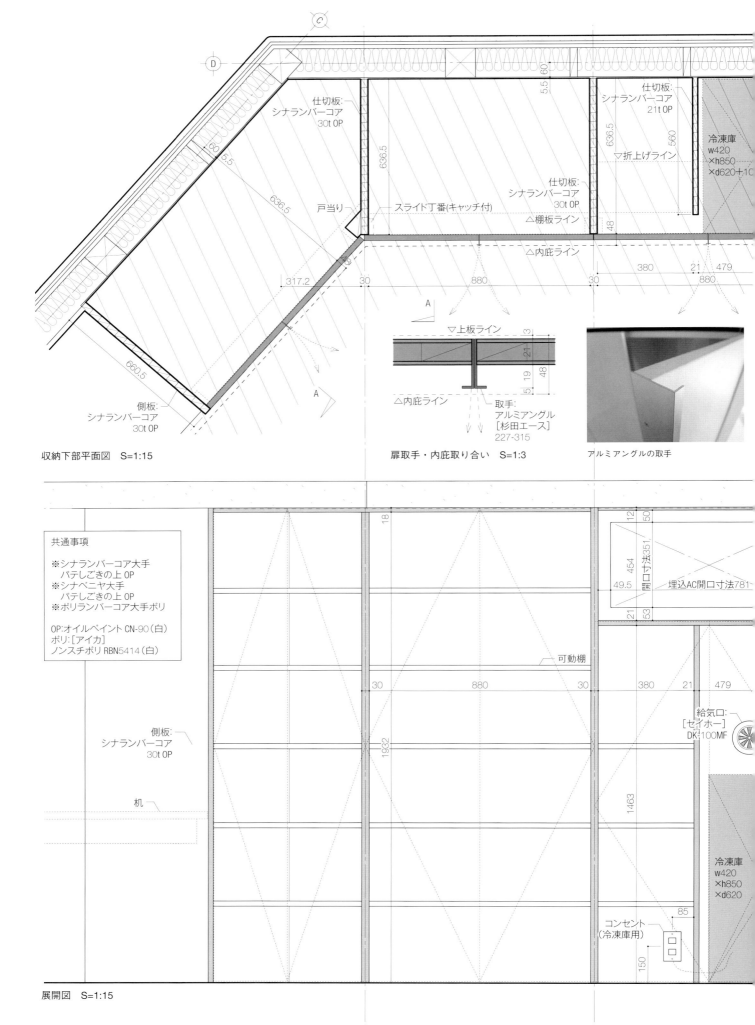

収納下部平面図　S=1:15

扉取手・内庇取り合い　S=1:3

アルミアングルの取手

展開図　S=1:15

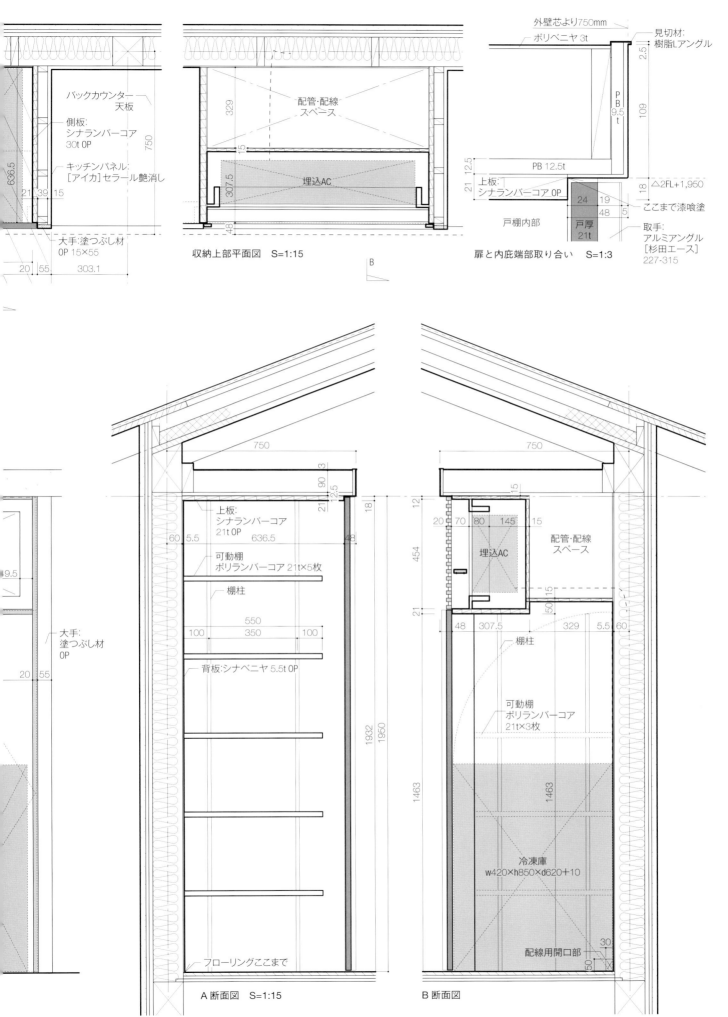

造作家具廻り詳細図 4 子供室収納

空調機器設置のひと工夫

1階子供室の収納。上部右半分は背割りされ、子供室用と主寝室用のエアコンが納められている。子供室側では、収納の引違い戸の上部が吹出し用のガラリとなっている。通常の壁掛け式エアコンであるが、ショートサーキットが生じにくいよう、エアコンの設置場所と収納の内部全体を繋げている。主寝室側では、収納がなくエアコンの納まる空間が小さいため、埋込式のエアコンを用いている。

子供室　収納内に設けたエアコンスペース

```
共通事項
※シナランバーコア大手
　パテしごきの上 OP
※シナベニヤ大手
　パテしごきの上 OP
※ポリランバーコア大手ポリ

OP：オイルペイント CN-90（白）
ポリ：[アイカ]
　ノンスチポリ RBN5414（白）
```

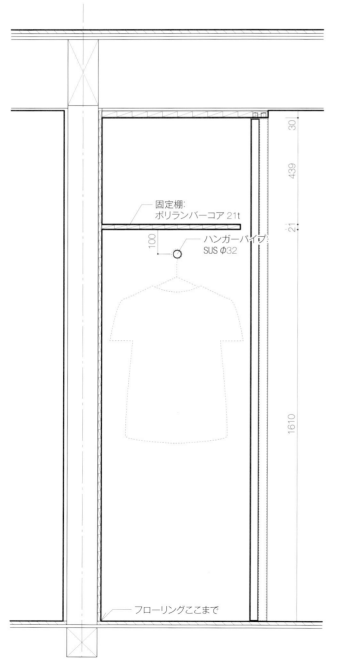

造作収納 A 断面図　S＝1:15

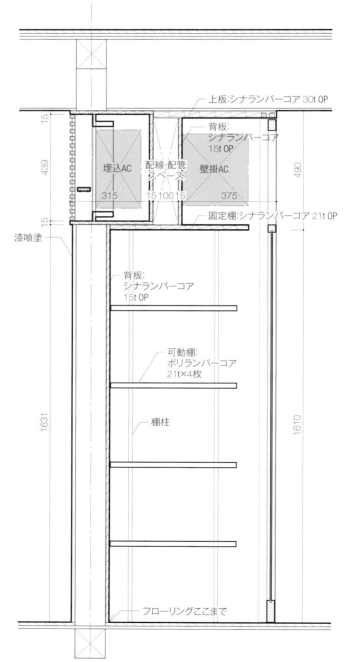

造作収納 B 断面図　S＝1:15

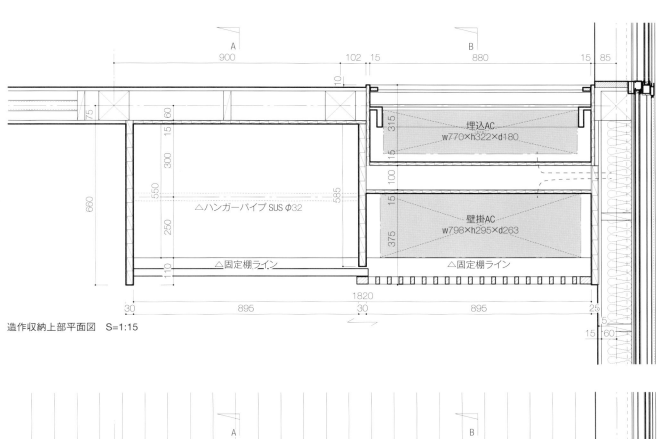

造作収納上部平面図　S=1:15

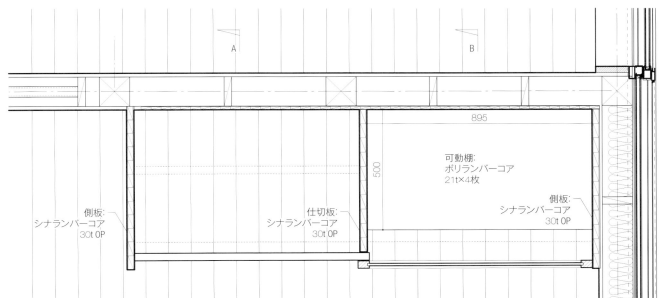

造作収納下部平面図　S=1:15

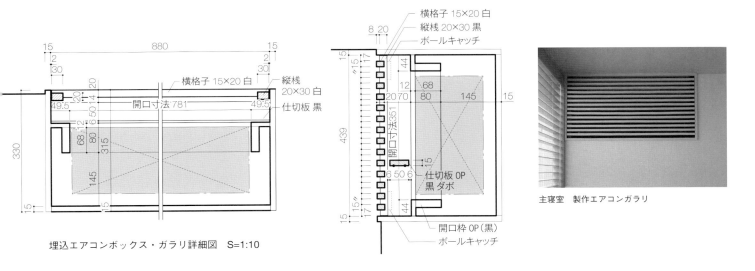

埋込エアコンボックス・ガラリ詳細図　S=1:10

主寝室　製作エアコンガラリ

造作家具廻り詳細図 5　ウォークインクローゼット

変則的形状を活かした機能的な収納

　主寝室と玄関に挟まれたウォークインクローゼットの詳細図。多角形平面の住宅には、直角だけの住宅にはない広がりや変化という空間的魅力がある一方で、この部屋のような変則的形状のスペースが必ずどこかに生じてしまう。その部分をいかに無理なく自然に納められるかが、多角形住宅のプランニングにおける最大のポイントであるという。

　この変則的な五角形をしたウォークインクローゼットでは、外周壁沿いに三つのアルコーブを設けることで、円形の階段室沿いに主寝室から玄関へ抜ける動線を確保しつつ、最大限のハンガー収納量と使いやすさを実現している。それぞれのアルコーブには小さな窓が設けられ、通風・採光と視線の抜けを確保している。仕切りが天井まで達していないのも、光と風の抜けをつくるためである。

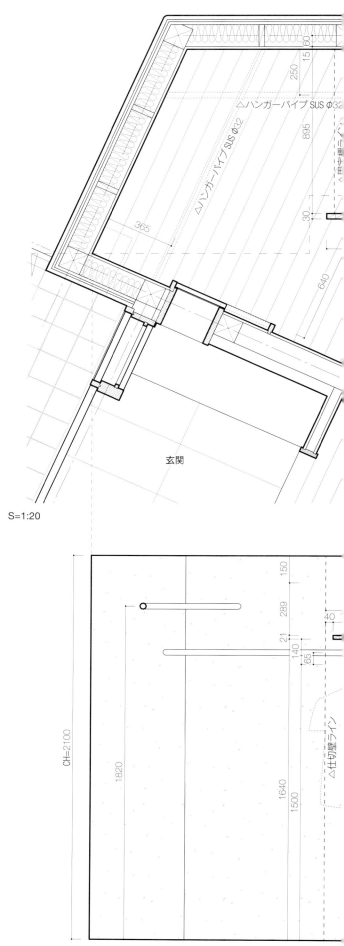

S=1:20

寝室からホールとウォークインクローゼットを見る

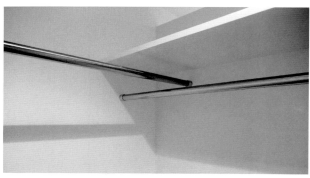

固定棚・ハンガーパイプ

S=1:20

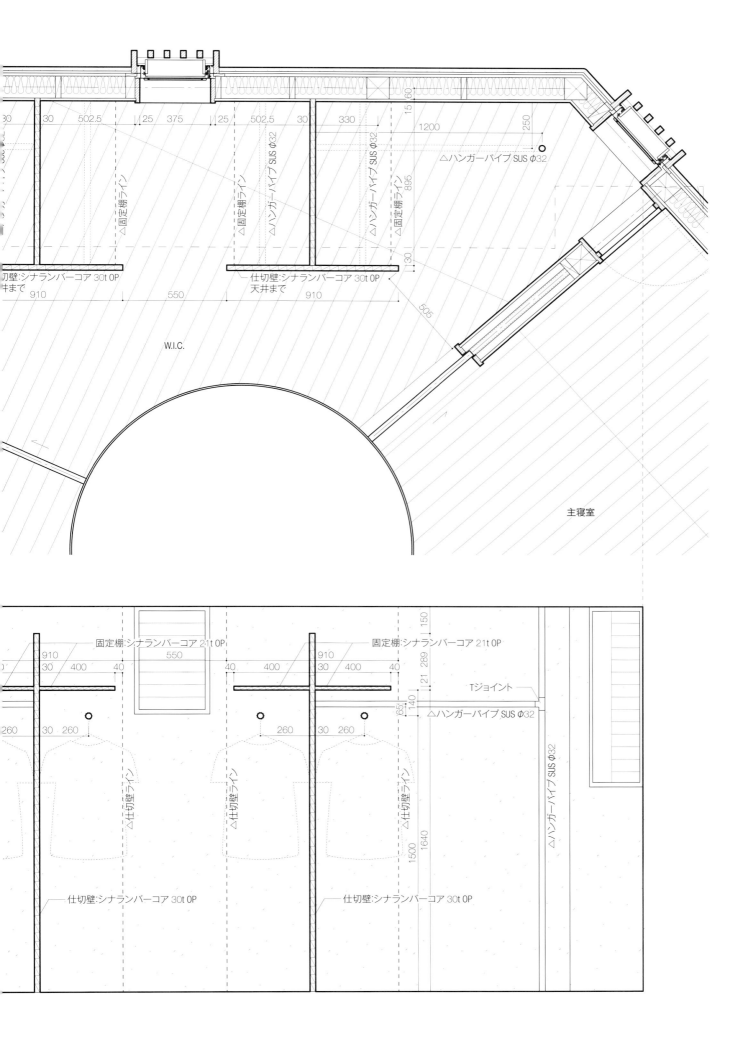

造作家具廻り詳細図 6

洗面カウンター・収納

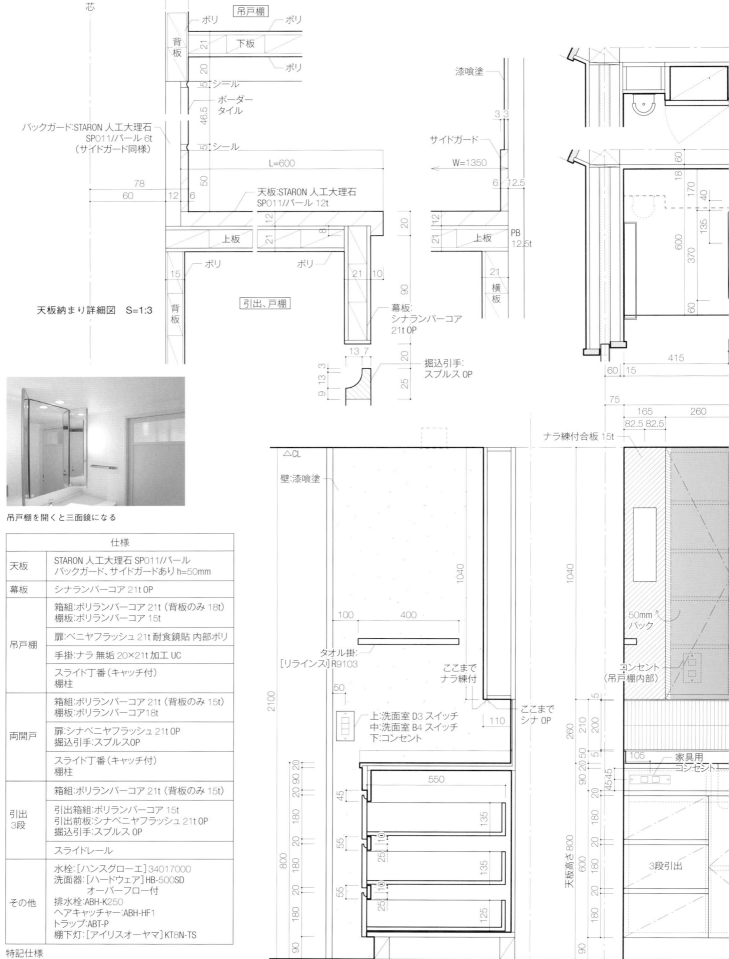

吊戸棚を開くと三面鏡になる

仕様		
天板	STARON 人工大理石 SP011/パール バックガード、サイドガードあり h=50mm	
幕板	シナランバーコア 21t OP	
吊戸棚	箱組:ポリランバーコア 21t (背板のみ 18t) 棚板:ポリランバーコア 15t	
	扉:ベニヤフラッシュ 21t 耐食鏡貼 内部ポリ	
	手掛:ナラ 無垢 20×21t 加工 UC	
	スライド丁番(キャッチ付) 棚柱	
両開戸	箱組:ポリランバーコア 21t (背板のみ 15t) 棚板:ポリランバーコア 18t	
	扉:シナベニヤフラッシュ 21t OP 掘込引手:スプルス OP	
	スライド丁番(キャッチ付) 棚柱	
引出 3段	箱組:ポリランバーコア 21t (背板のみ 15t)	
	引出箱組:ポリランバーコア 15t 引出前板:シナベニヤフラッシュ 21t OP 掘込引手:スプルス OP	
	スライドレール	
その他	水栓:[ハンスグローエ] 34017000 洗面器:[ハードウェア] HB-500SD オーバーフロー付 排水栓:ABH-K250 ヘアキャッチャー:ABH-HF1 トラップ:ABT-P 棚下灯:[アイリスオーヤマ] KT8N-TS	

特記仕様
ポリベニア:[アイカ]ノンスチポリ RBN5414(白)
ポリランバーコア 小口ポリテープ

天板納まり詳細図 S=1:3

造作収納断面図 S=1:15

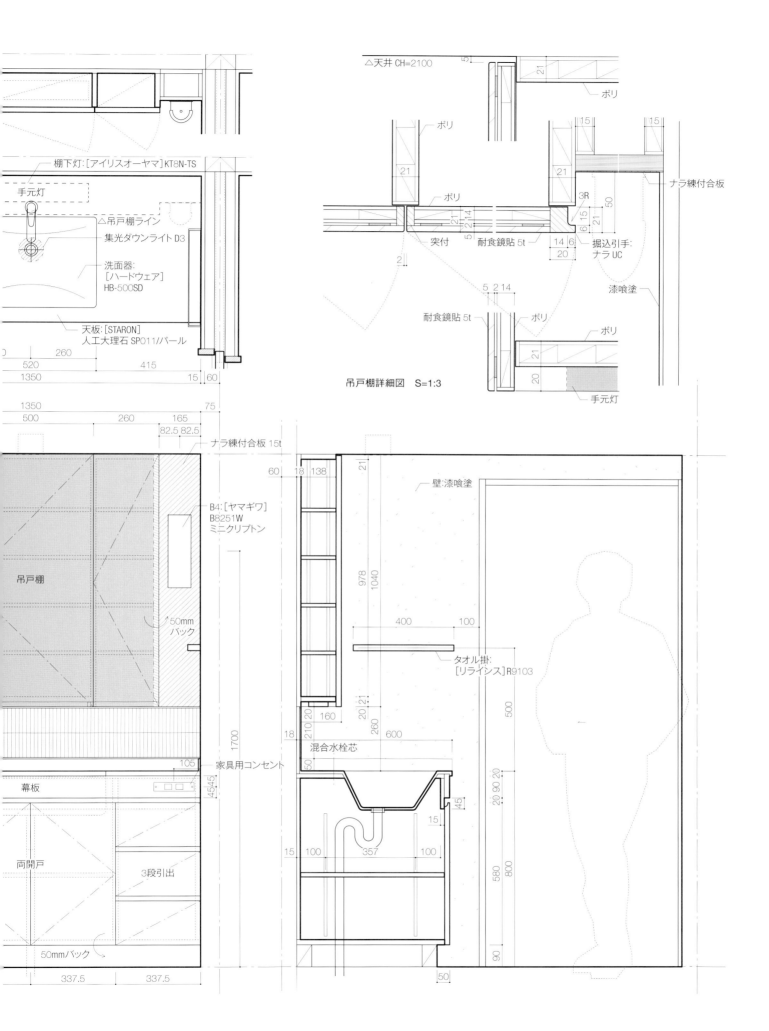

吊戸棚詳細図　S=1:3

p.141 / 階段室見上げ、p.142, 143 / 食堂・居間

あとがき

　まだ工事に入らないうちから、この小さな家だけを取りあげた本をつくることになった。どんな仕事でも期待と緊張の伴うものであるが、そのことが決まった時にはその感情が数倍にも膨れあがったことを覚えている。

　無事に難しかった小屋組が組みあがり上棟した時、建主はじめこの建設と本づくりに携わる方々、そしてわがスタッフとともにその喜びを分かち合った時間は忘れられない思い出となった。

　改めて言うまでもないが家づくり、本づくりはチームワークが不可欠である。今回はその力が存分に、そして淡々と発揮された仕事であったと、今振り返り確かに感じることができる。

　素晴らしいチームに恵まれたことを誇りに思うと同時に、携わった方一人ひとりに深く感謝を申しあげたい。

堀部安嗣

著者
堀部安嗣（ほりべ・やすし）
建築家。1967年神奈川県横浜市生まれ。1990年筑波大学芸術専門学群環境デザインコース卒業。益子アトリエにて益子義弘に師事。1994年、堀部安嗣建築設計事務所設立。2002年、「牛久のギャラリー」で第18回吉岡賞を受賞、2016年には「竹林寺納骨堂」で日本建築学会賞（作品）を受賞。2007年より京都造形芸術大学大学院教授。著書に『堀部安嗣 建築を気持ちで考える』(TOTO出版)、『堀部安嗣作品集 Architecture 1994-2014 全建築と設計図集』（平凡社）、『堀部安嗣の建築 form and imagination』（TOTO出版）、『書庫を建てる 1万冊の本を収める狭小住宅プロジェクト』（新潮社）ほか

構成協力及びインタビューにもとづく各種図面解説文執筆
柳沢 究（やなぎさわ・きわむ）
建築家、京都大学大学院工学研究科建築学専攻准教授。1975年生まれ。2001年京都大学大学院修士課程修了。2001年神楽岡工作公司共同設立後、神戸芸術工科大学助手を経て2008年究建築研究室設立、2012年名城大学准教授、2017年より現職

協力
佐々木朋之（堀部安嗣建築設計事務所）

堀部安嗣　小さな五角形の家　全図面と設計の現場

2017年2月1日　　第1版第1刷発行
2020年2月10日　　第1版第2刷発行

著者／堀部安嗣

構成／柳沢 究

発行者／前田裕資
発行所／株式会社　学芸出版社
〒600-8216 京都市下京区木津屋橋通西洞院東入
Tel. 075-343-0811　Fax. 075-343-0810
編集担当／岩切江津子

撮影／市川靖史
ブックデザイン／木村幸央
編集協力／岡本雄大
印刷／サンエムカラー
製本／藤原製本

©Yasushi Horibe 2017　Printed in Japan　ISBN 978-4-7615-3225-3

JCOPY
〈（社）出版者著作権管理機構委託出版物〉
本書の無断複写（電子化を含む）は著作権法上での例外を除き禁じられています。複写される場合は、そのつど事前に、（社）出版者著作権管理機構（電話 03-5244-5088、FAX 03-5244-5089、e-mail: info@jcopy.or.jp）の許諾を得てください。
また本書を代行業者等の第三者に依頼してスキャンやデジタル化することは、たとえ個人や家庭内での利用でも著作権法違反です。